Concetta Bertoldi

Sehen Tote
wirklich ALLES?

Concetta Bertoldi

Sehen Tote wirklich ALLES?

Auskünfte über das Leben im Jenseits

*Aus dem Englischen
von Jutta Hajek*

Deutsche Erstausgabe 2008
Copyright © 2008 Concetta Bertoldi
Copyright © 2008 der deutschsprachigen Ausgabe bei Knaur Verlag
Ein Unternehmen der Droemerschen Verlagsanstalt
Th. Knaur Nachf. GmbH & Co. KG, München
Alle Rechte vorbehalten. Das Werk darf – auch teilweise – nur
mit Genehmigung des Verlags wiedergegeben werden.
Redaktion: Ulrike Kroneck
Umschlaggestaltung: ZERO Werbeagentur, München
Umschlagabbildung: getty images
Satz: Adobe InDesign im Verlag
Druck und Bindung: GGP Media GmbH, Pößneck
Printed in Germany
ISBN 978-3-426-65617-4

Dieses Buch ist den beiden Menschen gewidmet,
die mir liebevoll meinen Weg gezeigt haben:
meinem Vater, Manny Ferrell,
und meinem Bruder, Harold Ferrell.

Einleitung

Ich weiß, Sie haben eine Menge Fragen – schließlich ist das der Grund, warum Sie dieses Buch gekauft haben, nicht wahr? Doch bevor ich zu den Fragen komme, möchten Sie bestimmt erfahren, mit wem Sie es zu tun haben. Deshalb werde ich Ihnen ein wenig über mich erzählen.

Zuerst möchte ich ein paar Dinge erklären. Ich halte mich für einen spirituellen Menschen. Das heißt aber nicht, dass ich perfekt bin. Ich habe eine Menge Fehler. Wenn ich mit Freunden zusammen bin, fluche ich manchmal wie ein Seemann; ich habe nichts gegen unanständige Witze, und ich gebe offen zu, dass ich ein Problem mit meiner Schwiegermutter habe. Von dem Augenblick an, als ich mit ihrem Sohn zusammenkam, ging sie mir auf die Nerven. Ein sturer alter Drachen. Aber lassen wir das Thema. Ich habe genauso viele Fehler wie andere Menschen; abgesehen davon glaube ich, kann man mit mir recht gut auskommen. Ich bin eben ein ganz normales Mädchen aus New Jersey, das mit den Toten spricht.

Ich bin ein ziemlich offener Mensch, aber in dieser Hinsicht war ich nicht immer so offen. Ich habe es inzwischen akzeptiert, bin sozusagen hineingewachsen, aber als ich jünger war, wollte ich um nichts in der Welt, dass irgendjemand davon wusste. Ich stehe noch nicht so lange im Licht der Öffentlichkeit – erst seit etwa zehn Jahren –, und auch nur, weil ich dazu gedrängt wurde (darauf werde ich noch zu sprechen kommen). Doch heute, da ich erkenne, wie wichtig diese Fähigkeit ist, spreche ich viel bereitwilliger darüber und die unglaublichen Dinge, die ich dadurch erlebt habe.

Sobald ich die Entscheidung getroffen hatte, mit meinem ungewöhnlichen Talent an die Öffentlichkeit zu gehen, wurde ich mit Fragen bombardiert. Es gab ernste Fragen, alberne Fragen, traurige und hinterhältige Fragen. Ich habe sie wahrheitsgemäß, geduldig und *immer wieder* beantwortet. Dieses Buch ist der Versuch, auf alle Fragen, die mir im Lauf der Jahre gestellt wurden, eine Antwort zu geben, und es hatte zur Folge, dass mir die eine Frage endlich nicht mehr gestellt wird, die ich mir am häufigsten anhören musste: »Wann schreibst du endlich ein Buch?«

Bisher habe ich darauf immer so reagiert, wie jede andere Legasthenikerin reagiert hätte, die nicht einmal »Haus« richtig schreiben kann: Ich wechselte das Thema. Doch mit der Zeit wurde mir klar, dass es wahrscheinlich einfacher ist, das Buch nun endlich zu schreiben, als dieser Frage weiter aus dem Weg zu gehen.

Auf den folgenden Seiten werde ich so geradeheraus und offen sein wie möglich. Ich werde versuchen, so wenig wie möglich zu fluchen und mein Schwiegermutterproblem weitgehend außen vor zu lassen. Doch Sie sollten wissen, dass sie möglicherweise hin und wieder zur Sprache kommen wird. Auch ein alter Drachen kann ein guter Lehrer sein, selbst wenn die Lektion lautet: Man kann es nicht jedem recht machen! Ich hoffe, ich kann die Frage beantworten, was mit uns geschieht, wenn wir aus dem Land der Lebenden auf die Andere Seite übertreten, und zum besseren Verständnis des Themas beitragen. Und ich hoffe, es ist etwas in diesem Buch dabei, das Sie als tröstend empfinden. Und wenn es mir gelingt, jemanden zum Lächeln zu bringen, umso besser!

Was ist der Unterschied zwischen einem Medium und einem Menschen mit übersinnlichen Kräften?

Ein Medium ist ein Mensch mit übersinnlichen Kräften, aber ein Mensch mit übersinnlichen Kräften ist nicht unbedingt ein Medium. Jemand, der nur übersinnliche Kräfte besitzt, kann Ereignisse vorhersagen, aber er kann nicht sagen, woher oder von wem er seine Information bekommen hat. Ich kann Ihnen (wie jedes echte Medium) erklären, was im Moment los ist und was passieren wird, und wir sind auch in der Lage, Ihnen mitzuteilen, von welcher Person aus dem Jenseits die Botschaft stammt. Ich bin das Komplettpaket!

Wann haben Sie angefangen, mit den Toten zu sprechen?

Ich bin mir nicht ganz sicher, aber es muss gewesen sein, als ich noch ein kleines Mädchen war. Ich unterhielt mich nicht richtig, ich wusste nur etwas. Ich verstand damals noch so wenig, und ich hatte niemanden, der mir erklärte, welche Art »Wissen« das war. Ich erinnere mich an eine Situation, die sehr lange zurückliegt (es war nicht die erste, aber eine, die mir sehr deutlich im Gedächtnis geblieben ist). Eines Tages, ich war etwa neun Jahre alt, »erkannte« ich plötzlich auf dem Nachhauseweg, dass mein großer Bruder nicht sehr alt werden würde. Während ich in den Garten hinter das Haus lief, »hörte« ich, wie mir das von der Anderen Seite (ich wusste damals nicht, wer mit mir sprach) mitgeteilt wurde. Ich kann mich nicht genau an die Worte erinnern, die ich hörte. Ich bin mir nicht einmal sicher, ob es ein ganzer Satz war. Trotzdem wusste ich, was sie bedeuteten, und ich kann mich noch so daran erinnern, als ob es gestern gewesen wäre.

Bei anderen Gelegenheiten bekam ich weitere solcher Botschaften. Mir wurde zum Beispiel gesagt, dass ich in diesem Leben keine eigenen Kinder haben würde. Ebenso hörte ich, dass meine Seele in einem vergangenen Leben mit der Seele meines Vaters verheiratet gewesen war – das ist bestimmt ein Grund dafür, warum ich meinen Vater in diesem Leben abgöttisch liebte. Die Botschaften gaben mir einen sicheren Halt. Auch wenn mir das, was ich hörte, nicht gefiel, auch wenn ich dagegen kämpfte, meinen Bruder zu verlieren, wie jeder andere das auch getan hätte, und mich gegen das Unbekannte wehrte, das entschieden hatte, dass ich keine Kinder haben würde: Im Grunde genommen half mir die Tatsache, dass ich diese Dinge im Voraus erfuhr, eine Perspektive zu entwickeln.

Wann haben Sie das erste Mal jemandem von Ihrem »Wissen« erzählt?

Ich glaube nicht, dass ich auf die Idee gekommen wäre, jemandem davon zu erzählen. Ich glaube, wenn man jung ist, weiß man nicht so richtig, welches »Wissen« oder »Nichtwissen« normal ist. Ich erinnere mich aber an ein Ereignis, bei dem meiner Mutter, wie sie später sagte, zum ersten Mal klar wurde, dass mit mir etwas Besonderes geschah. Ich war noch ein kleines Kind und spielte draußen im Garten. Meine Mutter kann sich noch daran erinnern, dass ich in die Küche kam und ihr erzählte, dass Onkel Jerrys Bein ganz blutig sei. Meine Mutter war erschrocken, dass ich so etwas sagte, und schickte mich wieder nach draußen zum Spielen. Kurz darauf klingelte das Telefon in der Küche, und meine Mutter erhielt die Nachricht, dass ihr Bruder Jerry in einen Motorradunfall verwickelt gewesen war und dass sein Bein amputiert werden musste. Glücklicherweise konnten die Ärzte sein Bein retten, aber meine Mutter war völlig durcheinander. Sie konnte sich keinen Reim auf das machen, was ich ihr gesagt hatte, und bekam es damals wirklich mit der Angst zu tun.

Als mein Vater am Abend von der Arbeit nach Hause kam, erzählte meine Mutter ihm, was geschehen war. Er hörte ihr mit ausdrucksloser Miene zu. Schließlich sagte er: »Sieht ganz danach aus, als ob Paps recht gehabt hätte. Er meinte, sie besitzt die Gabe.«

Mein Großvater war ein begabtes Medium gewesen. Er wechselte auf die Andere Seite, als ich noch sehr klein war, so dass ich aus dem Diesseits keine Erinnerungen an ihn habe. Aber wir stehen jetzt in Kontakt, und ich habe ihn im Jenseits kennengelernt. Ich möchte in diesem Zusammenhang erklären, dass ich – obwohl mein Großvater meinte, ich hätte »die Gabe« – den Begriff nicht wirklich gut finde. Ich selbst würde das nie von mir sagen. Für mich hört es sich hochtrabend an, wenn man sagt »meine Gabe«. Ich sehe es eher als eine Fähigkeit an, wie jeder Mensch seine besonderen Fähigkeiten hat. Trotzdem verwende ich in diesem Buch hin und wieder den Begriff Gabe, ganz einfach, weil er kürzer ist und ich gern schnell spreche.

Warum häufen sich mediale Fähigkeiten in manchen Familien?

Ich bin davon überzeugt, dass es sich damit genauso verhält wie mit jedem anderen Talent, das weitervererbt wird, zum Beispiel der Fähigkeit, zu zeichnen und zu malen, oder dem Gehör für Musik und dem Talent, singen oder ein Instrument spielen zu können. Das wird normalerweise nicht in Frage gestellt, es wird fast schon erwartet: »Natürlich kann sie singen – ihre Mutter war Musiklehrerin!« Niemand würde sich im Geringsten wundern, wenn Picasso einen Sohn hätte, der Maler ist. Doch, wie bei jedem anderen Talent, hängt es auch davon ab, ob man sich dafür entscheidet. Vielleicht gab es in Ihrer Familie bisher hauptsächlich Lehrer. Alle besaßen das Talent, anderen etwas zu erklären, und möglicherweise besitzen auch Sie diese Fähigkeit. Doch Sie können sich einfach nicht vorstellen, Ihr ganzes Leben von morgens bis abends mit Kindern in einem Klassenzimmer zu verbringen. Sie entscheiden sich vielleicht, dieses Talent auf andere Weise zu nutzen, oder Sie beschließen, dass es für Sie etwas Wichtigeres gibt und dass Sie lieber einen anderen Beruf ausüben wollen. Sie haben diese Begabung, aber niemand zwingt Sie dazu, sie zu nutzen. Das ist Ihre freie Entscheidung.

Auch die kleine Tochter meines Bruders Bobby und meiner Schwägerin Choi, meine entzückende sechsjährige Nichte Bobbie Concetta, besitzt diese Fähigkeit, wie ich und mein Großvater. Sie hat von Leuten auf der Anderen Seite erzählt und uns ausführlich beschrieben, was sie in früheren Leben gemacht hat. Einmal kam sie mit ihrer Mutter an einer Kirche vorbei, zeigte auf eine Frauenstatue, die eindeutig eine Weiße darstellte, und sagte: »So sah meine vorherige Mami aus.« Da Choi als meine Schwägerin mit solchen Dingen etwas vertraut ist, war sie nicht ängstlich, sondern eher neugierig. Da Bobbie Concetta also die Unterstützung erhält, die sie braucht, ist es sehr wahrscheinlich, dass sie die Fähigkeit, die sie heute besitzt, behalten wird. Hält Bobbie Concetta mit ihren kleinen Freundinnen schon spiritistische Sitzungen? Nein. Und vielleicht wird sie nie in meine Fußstapfen treten. Es liegt bei ihr. Diese Entscheidung muss sie selbst treffen.

Wie hat Ihre mediale Begabung Ihre Kindheit und Jugend beeinflusst?

Soweit ich mich erinnere, fühlte ich mich nicht anders als die anderen Kinder in der Nachbarschaft. Im Großen und Ganzen hatte ich die gleichen Interessen wie alle Mädchen in meinem Alter: Tanzen und Jungs, Klassenarbeiten und Noten (oft waren es nicht die besten), das Übliche eben. Gelegentlich gab es einen Lehrer, der mich nicht mochte, meist weil ich im Unterricht zu viel schwätzte. (Ich bin auf einem Ohr taub und merke manchmal nicht, wie laut ich rede. Die Sekretärin des Schulleiters nannte mich deshalb immer Großmaul, worüber ich sehr unglücklich war.) Ich erinnere mich aber daran, dass ich etwas wusste, das ich nicht erklären konnte. Es ist mir zum Beispiel gelungen, Freundschaften zu knüpfen, die mein ganzes Leben gehalten haben. Früher dachte ich, ich hätte einfach Glück gehabt, was meine Freunde angeht. Aber irgendwie wusste ich, dass Cornelia, ein kleines Mädchen aus meiner Klasse, das von allen Mushy genannt wurde, ein Leben lang meine beste Freundin sein würde. Wir waren total gegensätzlich: Mushy war hübsch und klug – ich war der Klassenclown. Wir mochten einander nicht einmal. Doch die Andere Seite sagte mir, wir würden Freundinnen sein, und Mushy ist von der Grundschule an meine beste Freundin gewesen und ist es noch heute.

Die Andere Seite hatte auch einen Einfluss darauf, wie ich mit meinen Mitmenschen umging, und half mir dabei, Selbstvertrauen zu entwickeln. Ich habe mich nie für sehr intelligent gehalten. Ich war Legasthenikerin und hatte Probleme mit Zahlen. In den Jahren, als ich jung war, wurde diese Schwäche selten diagnostiziert, daher nahmen meine Lehrer an, ich gäbe mir nicht genug Mühe oder sei einfach nicht gut in Mathe. Das führte dazu, dass ich das Gefühl hatte, ich sei dumm. Doch gleichzeitig schickten die Geister mir ermutigende Botschaften, die mir halfen, mich besser zu fühlen. Sie ermahnten mich auch, mit anderen Menschen gut umzugehen und schwächere nicht zu ärgern oder zu hänseln, sondern mich für Außenseiter stark zu machen. Ich will mich nicht selbst loben; ich möchte nur verdeutlichen, wie mir die Andere Seite gemeinsam mit meinen Eltern zeigte, wie schlimm es ist, die Gefühle eines anderen zu verletzen, und mir den Unterschied zwischen Gut und Böse klarmachte.

Meine übersinnlichen Fähigkeiten brachten mich auch einige Male in die Klemme. Manche Lehrer dachten, ich spioniere sie aus, weil ich Dinge wusste, die ich nicht hätte wissen dürfen. Ich wusste sogar Dinge, die ich überhaupt nicht verstand! Ich erinnere mich, dass ich mit elf oder zwölf Jahren gelegentlich Visionen in Bezug auf einige meiner Lehrer hatte. Ich sah kurze Szenen, die mir etwas über diese Menschen mitteilten. Ein Lehrer ließ die Kinder rauchen und meldete sie nicht bei der Schulleitung, damit sie ihn für cool hielten. Aus den Bildern, die ich sah, wusste ich jedoch, dass er kein ehrlicher Mensch war, daher ging ich ihm aus dem Weg. Später erfuhr ich, dass er mindestens mit einer Schülerin etwas gehabt hatte. In einem anderen Fall sah ich Bilder mit zwei meiner

Lehrerinnen – der Sport- und der Hauswirtschaftslehrerin –, wie sie zusammen im Bett lagen. Ich war jung und hatte noch nie etwas von lesbischen Beziehungen gehört, und von Sex hatte ich sowieso keine Ahnung. Ich war so naiv! Das Bild, das ich gesehen hatte, kam mir nicht wie etwas Geheimes vor. Ich dachte, sie sind bestimmt zwei gute Freundinnen, die zusammen übernachten. Ohne mir etwas dabei zu denken, erzählte ich einer Freundin, dass ich wusste, dass diese beiden Lehrerinnen miteinander schliefen. Ich wusste nicht einmal, was das bedeutete. Der Lehrer, der uns gerade unterrichtete, sagte: »Concetta, möchtest du nach vorne kommen und der ganzen Klasse erzählen, was du gerade gesagt hast?« Ich weigerte mich, aber das Mädchen, dem ich es erzählt hatte, stand, ohne zu zögern, auf und wiederholte, was ich ihr gesagt hatte. Daraufhin wurde ich sofort nach Hause geschickt und wusste nicht einmal, weshalb ich Ärger bekommen hatte. Meine Mutter holte mich ab. Sie sagte: »Möchtest du Eis essen gehen?« Das hatte ich am allerwenigsten erwartet! Wenn meine Freunde Ärger in der Schule hatten, waren sie immer sehr beunruhigt, wie ihre Eltern reagieren würden. Ich hatte mir schon überlegt, wie ich die Geschichte meiner Mutter verkaufen sollte. Wie konnte ich ihr etwas erklären, das ich selbst nicht verstand? Doch ich hatte Glück. Ich musste ihr nie etwas erklären, irgendwie wusste sie immer Bescheid.

Ich will damit nicht behaupten, dass ich immer unschuldig war. Ganz im Gegenteil. Es gefiel mir, Autoritäten in Frage zu stellen. Mit der Zeit wurde ich schlauer und setzte meine Fähigkeit vorsichtiger ein. So konnte ich meine Lehrer hinters Licht führen, ohne erwischt zu werden. Damals spielte ich aber nur mit meiner Fähigkeit und hatte die ganze Zeit keinen blassen Schimmer, woher ich mein Wissen erhielt. Doch als ich sechzehn war, änderte sich alles.

Eines Nachts wachte ich auf und hörte Stimmen, die mit mir sprachen. Es duftete nach frischen Blumen, und ich nahm überall um mich herum Stimmen wahr. Ich setzte mich im Bett auf, sah mich um und versuchte angestrengt herauszufinden, woher die Stimmen in meinem Zimmer kamen. Ich suchte eine logische Erklärung. Obwohl ich nicht bedroht wurde, hatte ich Angst.

Die Stimmen sagten mir, dass ich meine besondere Fähigkeit für andere zur Verfügung stellen sollte, dass ich mich für diese Fähigkeit entschieden hatte, um verschiedene Lektionen zu lernen. Meine wichtigste Aufgabe hier aber sei es, anderen Menschen zu helfen, den Tod zu verstehen. Ich wusste nicht, was ich von alldem halten sollte. Ich war unerfahren und dachte, ich bin vielleicht verrückt. Ich schrie nach dem Menschen, von dem ich sicher wusste, dass er mich beschützen würde, und mein Vater stürzte ins Zimmer, dicht gefolgt von meiner Mutter.

In dem Moment, als mein Vater das Licht anschaltete, waren die Geister verschwunden. Ich versuchte mehr schlecht als recht, meinen Eltern zu erzählen, was geschehen war. Ich bat sie, mir zuzuhören, und flehte sie an, mir zu glauben, dass es kein Traum gewesen war. Zu meiner großen Verwunderung schauten sie sich an und führten mich aus meinem Zimmer in ihr Schlafzimmer. Wir setzten uns auf das Bett, und mein Vater sagte: »Wir wissen es.« Wir redeten und redeten, und es wurde eine lange Nacht.

Wie haben Ihre Eltern Ihnen geholfen, mit dieser Fähigkeit umzugehen?

Damals sprachen meine Eltern über die Situation und trafen die Entscheidung, mir nichts zu sagen, bis ich alt genug wäre, es zu verstehen. Besonders meine Mutter machte sich große Sorgen um mich, da sie in einem Waisenhaus aufgewachsen war und nur zu gut wusste, dass man unter Umständen bestraft wurde, wenn man *anders* war.

Mein Vater hatte schon Erfahrung, weil sein Vater diese Fähigkeit auch besessen hatte, und er wusste, dass sein Vater viele Menschen in der Nachbarschaft getröstet und ihnen geholfen hatte, den Tod besser zu verstehen. Er hatte keine Angst, und das tat mir gut. Er sprach mit mir darüber und sagte, diese Fähigkeit sei eigentlich *normal*, wenn auch nicht weit verbreitet. Meine Mutter war anfangs schon ein wenig schockiert, aber sie vertraute meinem Vater und folgte weitgehend seiner Führung. Beide Eltern sorgten dafür, dass ich mich immer geliebt und sicher fühlte. Sie behandelten mich nicht, als ob ich irgendwie sonderbar wäre.

Haben Sie sofort angefangen, Sitzungen zu halten, als Ihnen Ihre Gabe klarwurde?

Nein, überhaupt nicht. Ich war sechzehn und wollte so normal sein wie alle anderen. Damals lehnte ich diese Gabe ab. Mein Vater gab mir den Rat, wenn ich sie nicht hören wolle, müsse ich mir nur vorstellen, vom weißen Licht Gottes umgeben zu sein, und sagen: »Im Namen Gottes, geht.« Ich konnte nicht glauben, dass es so einfach war, doch es war so. Meine Fähigkeit verschwand. Vollständig. Für vier Jahre.

Einige Zeit nachdem die Geister mich verlassen hatten, kam ich an einen Punkt, an dem ich wirklich glaubte, ich hätte mir das alles nur eingebildet. Meine Erfahrungen erschienen mir immer unwirklicher, und schließlich wollte ich die Wahrheit wissen.

Zuerst wollte ich mit niemandem darüber sprechen. Doch bald wurde ich neugierig und nahm Kontakt zu anderen Menschen mit übersinnlichen Fähigkeiten auf, um herauszufinden, ob sie eine Erklärung dafür hatten, was mit mir los war. Ich traf mich mit ziemlich vielen, weil ich keinem wirklich vertraute (einige sind die reinsten »Jahrmarkt-Wahrsager«, wie ich sie nenne, Schwindler, die nur hinter dem Geld der Leute her sind). Ich fragte mich manchmal, ob ich mir das alles nur eingebildet hatte, ob ich krank war, ob mit meinem Kopf etwas nicht stimmte oder ob das, was ich erlebt hatte, überhaupt geschehen war. In den folgenden acht Jahren war ich auf der Suche und versuchte zu verstehen. Ich redete mit meinem Vater, und er erklärte mir, dass eine der Lektionen, die ich lernen musste, etwas mit Entscheidungen und ihren Konsequenzen zu tun hatte. Er sagte, ich müsse meine Gabe nicht annehmen, aber diese Entscheidung würde eine Konsequenz haben, genauso wie die Annahme. Zu jener Zeit spielte ich mit dem Gedanken, mir meine Fähigkeit zurückzuwünschen. Erst als ich 24 Jahre alt war und durch eine Arbeitskollegin einen Mann namens Alfonse Demino traf, bekam ich den Anstoß, den ich brauchte.

Dass ich Al traf, war an sich schon merkwürdig, weil die Einladung von einer Kollegin kam, die ich nicht einmal gut kannte. Sie sagte, Freunde ihrer Eltern würden mich kennen und wollten mich sehen, und sie lud mich in ihr Elternhaus ein. Mir kam das komisch vor, aber es gab keinen bestimmten Grund, misstrauisch zu sein, also fragte ich meine Freundin Terry, ob sie mich begleiten wolle. Terry hatte kein Auto, daher wollten wir meines nehmen. Am Tag des geplanten Besuchs wurde mein Auto auf dem Parkplatz gerammt und eine Seite eingedrückt, so dass wir nicht damit fahren konnten. In der folgenden Woche wurde diese Seite repariert, und ich ging mein Auto abholen, da war es auf der anderen Seite von einem Schneepflug gestreift worden! In der dritten Woche machten wir uns endlich auf den Weg. Ich wusste genau, wohin wir wollten, doch auf unerklärliche Weise verfuhren Terry und ich uns so entsetzlich, dass wir erst nach zwei Stunden am Ziel waren. Als wir endlich ankamen, waren Al und seine Frau gerade dabei zu gehen. Ich entschuldigte mich tausendmal, und Al sagte: »Mach dir nichts draus. Ich weiß, warum. Jemand will verhindern, dass wir uns treffen. Wir müssen jetzt gehen, weil wir einen weiten Heimweg haben. Kommt nächste Woche wieder.«

Der vierte Versuch glückte schließlich, und wir trafen uns in der folgenden Woche. Al und seine Frau kamen mir vor wie Verwandte. Wir verbrachten einen netten Abend bei Kaffee und Kuchen, und dann wandte sich Al mir zu und sagte:»Concetta, sie haben mir von dir berichtet. Sie sagen, du verweigerst deine Gabe, und sie haben mich gebeten, dir zu helfen, das alles besser zu verstehen.« Wenn ich sagen würde, ich war völlig verblüfft, wäre das untertrieben. Ich hatte auf meiner Arbeitsstelle nie erwähnt, dass ich übersinnliche Fähigkeiten habe. Al versicherte mir, dass ich keine Angst haben müsse, da ich beschützt würde (auch wenn mein Auto angefahren worden sei, ich sei nie darin gewesen). Ich hätte zu jeder Zeit die Kontrolle über die Situation. Ich müsse ihnen nur vertrauen, dann würden sie mir helfen.

Zuerst mussten wir denjenigen loswerden, der versucht hatte, das Treffen zwischen Al und mir zu verhindern. Al bat die Gastgeberin um eine Kerze. Sie suchte in einigen Schubladen und fand schließlich einen kleinen Kerzenstummel, etwa fünf Zentimeter groß. Ich weiß gar nicht, wofür sie ihn aufbewahrt hatte; er war so winzig. Al sagte, wir sollten uns in einen Kreis setzen und einander an den Händen halten. Dann zündete er die Kerze an. Während wir zuschauten, schoss die Flamme mehr als einen halben Meter hoch, wie bei einer Lötlampe, fiel wieder hinunter, schoss in die Höhe, und dann wiederholte sich das Ganze noch einmal. Ich habe weder vorher noch nachher mit einer Kerzenflamme etwas Derartiges erlebt. Ich bin froh, dass Terry dabei war und es auch gesehen hat. Danach sagte Al, der Geist, der den Ärger verursacht hatte, würde in Zukunft Ruhe geben.

Ich traf mich von da an regelmäßig mit Al. Er erzählte mir, wie das Leben mit dieser Fähigkeit war, und empfahl mir einige Bücher. Al berichtete, er habe mit jemandem namens Hans Byer (ich bin mir nicht sicher, wie sich der Name schreibt) gearbeitet und sei bei ihm in die Lehre gegangen. Byer sagte von sich, er sei ein berühmtes europäisches Medium. Ich war neugierig, wer dieser Byer war, und als ich später von Edgar Cayce (amerikanischer Parapsychologe, 1877–1945) erfuhr, dachte ich, dass Byer wahrscheinlich auf einer Ebene mit ihm sei (damals gab es Google noch nicht). Aber um ehrlich zu sein, war ich noch viel neugieriger zu erfahren, wie Al von mir erfahren hatte!

Bei einem unserer wöchentlichen Treffen sagte Al, er würde mich am folgenden Tag in der Arbeit besuchen. Ich wusste, dass er weit entfernt lebte, aber ich bezweifelte seine Ankündigung nicht. Am nächsten Tag saß ich an meinem Schreibtisch und war damit beschäftigt, einen Stapel Unterlagen abzuarbeiten. Terry saß neben mir. Als ich mich leicht umdrehte, um etwas zu tippen, spürte ich einen unerklärlichen Luftzug, der an meinem Gesicht vorbeistrich. Ich saß in einer kleinen, stickigen Büronische, in der es nicht viel Luft gab, geschweige denn eine frische Brise, aber sie war unleugbar da. Ich schaute auf, und dann schien alles in Zeitlupe abzulaufen. Terry und ich blickten uns an, und ich wusste, sie fühlte das Gleiche. Ich bewegte meinen Kopf und begann, meine Hand zum Gesicht zu heben. Da fühlte ich den Luftzug durch meinen ganzen Körper gehen. Ich hörte klar und deutlich die Stimme von Al: »Ich habe dir doch gesagt, ich komme dich besuchen.« Es kam mir vor, als ob das

Ganze zehn Minuten gedauert hätte, aber es waren wahrscheinlich nur zehn Sekunden. Noch ehe ich sprechen konnte, meinte Terry: »Sag jetzt nichts! Schreib auf ein Blatt Papier, was deiner Meinung nach gerade passiert ist.« Jede von uns nahm Stift und Papier und schrieb auf, was sie erlebt hatte. Dann verglichen wir unsere Notizen. Wir hatten fast genau dasselbe geschrieben, Wort für Wort. Ich notierte mir den Tag und die Uhrzeit, Donnerstag, 14.20 Uhr, und erzählte niemandem davon. Als ich Al in der folgenden Woche traf, sagte er als Erstes: »Donnerstag, 14.20 Uhr nachmittags.« Ich zeigte ihm den Zettel, auf dem genau das stand, und von diesem Augenblick an begann ich, der Anderen Seite und mir selbst zu vertrauen.

Als ich Al kennenlernte, dachte ich anfangs: »Vielleicht habe ich etwas aufgegeben, das mir hätte zugutekommen können.« Das war ein egoistischer Gedanke, der in die Richtung ging: Vielleicht hilft mir meine Fähigkeit, eine bessere Arbeit oder die große Liebe zu finden. Ich hatte keine Vorstellung davon, dass sie eher eine Berufung oder mein Lebenswerk sein könnte.

Als ich darum bat, meine Gabe wiederzuerhalten, dauerte es erst eine Weile. Ich nahm an einem Meditationskurs teil und bat sie um Hilfe. Ich bat Gott um seinen Schutz und legte alles in seine Hände. Allmählich sah ich Beweise für ihre Gegenwart um mich. Sie spielten mir Streiche: Ich schaltete das Licht aus, und sie schalteten es wieder an. Ich ging aus dem Badezimmer, und sie drehten den Wasserhahn voll auf. Schließlich kamen auch die Stimmen wieder.

Wie war Ihr »Coming-out«
als Medium?

Ich wollte ziemlich lang alles geheim halten. Ich zögerte lange, anderen von meiner Fähigkeit zu erzählen, hauptsächlich wegen der negativen Reaktionen der Menschen, die nicht daran glauben. Auch heute noch gibt es zahlreiche Missverständnisse in Bezug auf meine Arbeit, und ich wollte mich und meine Familie nicht zur Zielscheibe für verbale oder andere Angriffe machen. Daher hielt ich mich in den ersten vierzig Jahren meines Lebens bedeckt. So bedeckt, dass ich es nicht einmal meinem Mann erzählte!

Ich weiß, es hört sich merkwürdig, vielleicht sogar unmoralisch an, solch eine Sache vor der Person geheim zu halten, mit der man sein Leben teilt. Doch gleich bei meiner ersten Verabredung mit John merkte ich ziemlich schnell, dass er nicht an Gott oder »Übernatürliches« glaubte. John ist ein sehr handfester, bodenständiger Mensch. Er baut Häuser, hat mit Holz und Werkzeug zu tun und mit Material, das genauso handfest ist wie er: mit Beton. Er glaubt nur an das, was er anfassen oder in der Hand halten kann. »Geister« gehören nicht wirklich in diese Kategorie. Ich hatte damals keinerlei Vorstellung davon, was für einen riesengroßen Teil meines Lebens meine übersinnlichen Fähigkeiten einmal ausmachen würden. Ich hielt sie nur für einen Aspekt meiner Persönlichkeit unter vielen und beschloss deshalb, nichts darüber zu sagen. Die Ironie liegt darin, dass sie mir schon mitgeteilt hatten, dass John der Richtige für mich sei, deshalb wollte ich nicht, dass John etwas von ihnen erfuhr, um nicht alles zu verderben. Sie müssen zugeben, ich war in einer außergewöhnlichen Lage! Nach unserer Hochzeit fingen meine Probleme mit Johns Familie gleich an. Es wäre eine Katastrophe gewesen, dieses Thema am »Thanksgiving Day« (Erntedankfest) beim gemeinsamen Abendessen anzuschneiden und zum Beispiel meiner Schwiegermutter zu sagen, dass ihre eigene Schwiegermutter ihr aus dem Jenseits Ratschläge erteilen wollte, wie sie die Truthahnfüllung besser hinkriegen könnte. Keine gute Idee. Ich hielt lieber den Mund.

Das Problem war, dass in meinem Heimatort Montville in der Nachbarschaft jeder von meiner Fähigkeit wusste. Immer wenn ein geliebter Mensch starb, bekam ich einen Anruf: »Concetta, kannst du kommen und herausfinden, ob er (oder sie) gut angekommen ist? Wir wollen wissen, ob alles in Ordnung ist.« Wenn wir bei einem Familientreffen waren, geschah es regelmäßig, dass ein Cousin oder eine Cousine mir ins Ohr flüsterte, jemand wolle eine Sitzung. Ich ging dann einfach, ohne John Bescheid zu sagen. Um ehrlich zu sein, war es zu Beginn unserer Ehe ziemlich schwierig, meist wegen Streitereien in der Familie. Wir wollten jedoch an unserer Ehe festhalten und gingen zur Eheberatung. Unsere Therapeutin war eine ehemalige Nonne. Bei einer Therapiesitzung beklagte John sich über mich: »Sie flüstert immer mit anderen Leuten; sie hat Geheimnisse.« Die Therapeutin sagte: »Concetta, was flüsterst du?« Ich antwortete: »Nichts.« Ich wusste nicht, was ich sagen sollte, obwohl mir völlig klar war, dass John dachte, ich hätte eine Affäre mit einem anderen Mann. So schlimm das war, aber damals wäre es für mich noch schlimmer gewesen zuzugeben, dass ich mich mit den Toten unterhielt.

Zusätzlich zu den gemeinsamen Sitzungen hatten wir auch Einzelgespräche mit der Therapeutin, und sie ließ bei diesem Thema einfach nicht locker. Sobald sie mich alleine vor sich hatte, fragte sie mich noch einmal, was ich flüstere, und ich erzählte es ihr. Sie fragte mich, ob ich um sie herum jemanden sehe. Ich sagte ja, und sie wollte wissen, was ich sah und hörte. Als ich es ihr beschrieb, war sie ziemlich beeindruckt. In der nächsten gemeinsamen Therapiesitzung sagte sie: »John, Concetta möchte dir etwas erzählen.« Sie fügte hinzu: »Ich habe darüber nachgelesen und mich informiert und herausgefunden, dass solche Dinge möglich sind, und Concetta hat mich eigenhändig davon überzeugt, dass es das gibt.« Mir blieb nichts anderes übrig, als meinem Mann reinen Wein einzuschenken.

Das war viel besser, als meinen Mann in dem Glauben zu lassen, dass ich ihn betrüge, auch wenn ich das zu Beginn nicht so empfand. Ich war jedoch noch immer nicht so weit, eine Praxis zu eröffnen.

Wie hat Ihr Mann reagiert, als er erfuhr, dass Sie mit den Toten sprechen?

Es war wirklich nicht einfach für John. Als er mich heiratete, hatte er keinen blassen Schimmer, was er da »eingekauft« hatte – das hatte er nicht bestellt. Und er verstand es auch überhaupt nicht. In Johns Welt gehörten tote Leute in die gleiche Kategorie wie Elfen. Ich erinnere mich, als ich ihm in unserer Therapiesitzung zum ersten Mal davon erzählte, sagte er: »Na klasse. Jetzt muss ich mich also nicht nur um dich, sondern auch noch um die Heinzelmännchen kümmern!« Als er allmählich begriff, worum es wirklich ging, fühlte er sich, glaube ich, ziemlich unwohl. Er hatte keine Ahnung, wohin das führen könnte und was es für unser Leben und unsere Ehe bedeutete. Ich muss sagen, er hat sich wunderbar verhalten. Meine Tätigkeit als Medium lief seiner Weltanschauung völlig zuwider, aber er hat nie versucht, mich davon abzuhalten, und er hat auch nie Forderungen gestellt.

Wenn ich noch einmal die Wahl hätte, so wäre ich mit Sicherheit offener. Aber die Welt hat sich auch verändert. In den achtziger Jahren des 20. Jahrhunderts war es in dieser Hinsicht nicht viel anders als um 1600. Es gab keine Fernsehshows, in denen Menschen mit übersinnlichen Fähigkeiten oder Medien auftraten, und erst recht keine, in denen sie so positiv dargestellt wurden! Ich bin froh, dass Menschen, die heute mit dieser Gabe auf die Welt kommen, ohne große Probleme zu ihrem Verlobten sagen können: »Übrigens, Schatz, was ich mache, geht etwas über Intuition hinaus.« Und möglicherweise hat der andere auch ein Geheimnis oder besitzt eine übernatürliche Kraft, von der er erzählen möchte.

Gab es ein bestimmtes Ereignis, das Sie dazu veranlasste, an die Öffentlichkeit zu treten?

Letztendlich war es der Tod meines Bruders Harold im Jahr 1991, der mich dazu veranlasste, meine Arbeit öffentlich zu machen. Vor Harolds Tod hatte ich nie einen Menschen verloren, den ich so gut gekannt und so sehr geliebt hatte. Davor hatte ich eigentlich nicht verstanden, was es den Menschen bedeutete, dass ich ihnen von einer geliebten Person auf der Anderen Seite erzählte und ein oder zwei Botschaften weitergab, von denen die meisten reichlich banal und scheinbar bedeutungslos waren. Nun aber begriff ich. Ich war am Boden zerstört, als ich Harold verlor. Er war 38 Jahre alt, als er starb. Er hatte sechs Jahre lang gegen Aids gekämpft, und am Ende wog er bei einer Größe von 1,88 m nur noch 36 Kilo – er, der früher immer so fit gewesen war. Er sah unglaublich müde und schwach aus, und wir alle wussten, dass er von uns gehen würde. Er konnte nicht länger hierbleiben. Ich hatte die Botschaft erhalten, dass Harold in jungen Jahren auf die Andere Seite gehen würde, und ich verstand, dass er dort glücklicher sein würde, aber deshalb wurde es nicht leichter, ihm dabei zuzusehen, wie er ging. Mir ist klar, dass das selbstsüchtig war, und ich wusste, dass ich später wieder mit ihm würde sprechen können, aber ich wollte ihn hier bei mir haben. Zum ersten Mal verstand ich, welchen Schmerz der Tod bei den Hinterbliebenen auslöst. Ich hatte mein Leben lang mit den Toten gesprochen, doch vorher waren das nur Geister, die ich nicht kannte, und wenn ich ehrlich bin, fand ich sie manchmal ganz schön lästig! Es gab Zeiten, in denen ich diese Stimmen überhaupt nicht hören wollte, doch nun gab es eine ganz bestimmte Stimme, die ich unbedingt hören wollte. Und die blieb aus.

Monatelang wartete ich darauf, Harolds Stimme zu hören, und war tieftraurig und verwirrt, weil ich nicht verstand, warum er nicht mit mir in Kontakt trat. Doch in einer kalten Dezembernacht – ich schlief im Gästezimmer, weil John die Grippe hatte und ich mich nicht anstecken wollte – wackelte mein Bett plötzlich so stark, als wollte es abheben. Ich war vom Schlaf noch benommen und dachte zuerst an ein Erdbeben, was in New Jersey nicht so häufig vorkommt, doch dann merkte ich, dass der Raum ansonsten völlig ruhig war. Ich ängstigte mich fast zu Tode, bis ich meinen großen Bruder lachen hörte. »Hey, Con«, rief er, »ich bin's!« Er lachte immer noch (er fand sich unheimlich komisch), und ich schrie: »Harold? Du Spinner! Wo bist du gewesen?« In jener Nacht bekam ich keine Antwort, und er blieb nur kurz, aber von da an nahm er ziemlich häufig Verbindung mit mir auf, und jedes Mal sagte er zu mir: »Con, *erzähl* ihnen davon. Sag der Welt, was du hörst. Es ist wichtig für uns; wir brauchen dich. Und die Menschen auf deiner Seite brauchen dich auch.« Ich war noch immer verunsichert, was dann möglicherweise geschehen würde, aber ich konnte meinem Bruder diesen Wunsch nicht abschlagen. Ich machte ihm klar, dass ich ihm keine Garantie dafür geben konnte, dass es funktionieren würde, aber ich sagte: »Okay, Bruderherz. Ich werde es versuchen.«

Fünf Jahre lang lief es mehr schlecht als recht, doch Harold drängte mich weiterzumachen und gab mir immer wieder den Rat, aufs Land zu ziehen – eine Idee, von der ich begeistert war. In meinem Herzen bin ich ein Mädchen vom Land. Ich bin in Montville aufgewachsen, einem kleinen Ort, in dem es damals nur Feldwege und Scheunen gab. Gegenüber von meiner Schule war eine Kuhweide. Der Geruch von Kuhfladen ist für mich wie der Duft von Rosen! John und ich lebten etwa 45 Minuten (oder eine halbe Stunde, bei meinem Fahrstil) von Montville entfernt in Orange West, einer wesentlich größeren Stadt. Alle Orte, die Orange heißen, sind Städte oder Vorstädte und ich verfuhr mich ständig. Es gibt Orange, Orange Ost, Orange West, Orange Süd – ich hasste all diese Orte! Außerdem wohnten an jeder Ecke Verwandte von John, und ich hatte das Gefühl zu ersticken. Wir konnten nicht sofort umziehen, aber als die Kinder 1996 ihr Abitur gemacht hatten (John hat eine Tochter und einen Sohn aus erster Ehe, die für mich wie eigene Kinder sind), zogen wir in die Wälder von Boonton in New Jersey. Ich bekam endlich wieder Luft und fing mehr oder weniger direkt nach dem Umzug an, offiziell Klienten zu empfangen.

Zu meiner großen Überraschung kam der Erfolg praktisch über Nacht. Ich war sofort für mehrere Monate im Voraus ausgebucht. Dann arbeitete James Van Praagh zufällig gerade an einer Studie und war auf der Suche nach Menschen mit »echten« übersinnlichen Kräften. Einer seiner Mitarbeiter war in der Gegend. Er traf sich mit medial Begabten und berichtete dann James, wer seriös war. Ich hatte eine Sitzung mit ihm und bekam wahrscheinlich eine gute Bewertung. Wenig später empfahl James mich weiter. Er schickte mir unter anderem den Filmproduzenten Jon Cornick, mit dem ich inzwischen gut befreundet bin. Jon empfahl mich weiter an Federico Castelluccio, einen Darsteller aus der Fernsehserie *Die Sopranos*. Ich hielt eine Sitzung für ihn, und kurze Zeit später meldeten sich seine Kollegen Edie Falco und Vincent Curatola an. Es war nun so weit, dass Prominente für eine Sitzung mit mir den weiten Weg aufs Land auf sich nahmen und ich musste zugeben, dass Harold recht gehabt hatte.

Zehn Jahre nach dem Tod meines Bruders ging mein Vater Manny auf die Andere Seite. Kurz darauf hatte ich meine erste große Show. Obwohl ich gerne im Mittelpunkt stehe, war ich sehr nervös. Es waren noch nie so viele Menschen gekommen, um *mich* zu sehen. Meine beste Freundin Mushy war Zeremonienmeisterin, und ich weiß genau, was sie dachte, als sie meinen leeren Gesichtsausdruck sah, als ich auf das Publikum zuging: Oh, mein Gott!

Zu Beginn war ich sehr langsam und nervös. Doch als ich zu sprechen begann, wurde ich plötzlich von Energie durchflutet. Es war fast, als würde eine alte Langspielplatte mit aufgesetztem Tonarm angespielt. Sie leierte zuerst, doch dann legte sie an Geschwindigkeit zu und spielte normal. Schließlich wurde sie auf 78 Umdrehungen pro Minute hochgeschaltet! Na gut, nicht ganz. Doch es wäre untertrieben zu sagen, dass ich mich nach kürzester Zeit im Zentrum der Aufmerksamkeit pudelwohl fühlte. Ich war in meinem Element.

Als wir später nach Hause fuhren, sagte Mushy zu mir: »Dein Vater ist sehr stolz auf dich.« Dann sah sie mich an und meinte: »Ich weiß nicht, warum ich das gesagt habe!« Aber ich wusste es. Mein Vater war die ganze Zeit bei mir. Nachts, als ich im Bett lag, kam er zu mir und sagte mir selbst: »Ich bin so stolz auf dich.« Er beugte sich herunter und küsste mich. Ich spürte wirklich den Druck seiner Lippen auf meinen. Ab diesem Zeitpunkt war ich mir hundertprozentig sicher, dass ich das Richtige tat.

Stellen Sie sich immer als Medium vor, wenn Sie jemanden das erste Mal treffen?

Überhaupt nicht. Ich denke immer, wenn ich sage, dass ich ein Medium bin, bekomme ich die Antwort: »Ach was, meine Liebe, ich glaube eher, du bist größenwahnsinnig!«

Manchmal habe ich ein Déjà-vu-Erlebnis oder es kommt mir vor, als hätte ich Ereignisse vorhergesagt, die dann wirklich eingetreten sind. Heißt das, dass ich übernatürliche Fähigkeiten habe? Wie kann ich herausfinden, ob meine Fähigkeiten normal oder außergewöhnlich sind?

Nun, das ist wahrscheinlich bei jedem anders, aber ich denke, es wäre offensichtlich. Die Genauigkeit der Details würde darauf hindeuten; Sie hätten nicht nur einen allgemeinen Eindruck. Wenn Sie wirklich Stimmen hören oder komplett ausformulierte Gedanken, die nicht Ihre eigenen sind, dann ist das ein starker Hinweis. Ebenso wenn Sie Visionen haben oder Geister sehen. Das kann jedem passieren, aber für die meisten Menschen ist es kein gewöhnliches Ereignis. Ich bin nicht sicher, ob es zurzeit eine Einrichtung gibt, wo man sich testen lassen kann. Vor dreißig Jahren, in den Siebzigern, ging ich mit meinem damaligen Freund zur Edgar-Cayce-Stiftung (auch als ARE – Gesellschaft für Forschung und Aufklärung – bekannt). Edgar Cayce war ein Fotograf, der übersinnliche, parapsychologische Fähigkeiten besaß. Er brachte sich selbst in Trance, analysierte in diesem Zustand die gesundheitlichen Probleme seiner Klienten und verschrieb ihnen Heilmittel, obwohl er, wenn er bei Bewusstsein war, keine medizinische Ausbildung oder Erfahrung besaß. Seine Empfehlungen halfen wirklich, und man begann aufzuschreiben und zu übertragen, was er im Trancezustand sagte (er wurde auch der »Schlafende Prophet« genannt). Diese Niederschriften umfassen Tausende von Seiten und sind bei der ARE in Virginia Beach, Virginia, archiviert. Jedenfalls kannte mein Freund dort jemanden, und wir fuhren hin. Damals konnte man an einer kurzen Führung durch das Zentrum teilnehmen, und es gab die Möglichkeit, im Rahmen der Führung einen kleinen ESP-Test (Test für außersinnliche Wahrnehmungen) zu machen. Wir nahmen daran teil, und anschließend wurde ich »hinter die Kulissen« geführt und ausführlich getestet. Das liegt so lange zurück, dass ich mich, ehrlich gesagt, an die Tests nicht genau erinnern kann. Ich weiß nur noch, dass es mit ziemlich einfachen Aufgaben anfing. Ich nehme an, damit wollten sie herausfinden, ob sie mit mir nur ihre Zeit verschwenden. Die nächsten waren komplizierter. Ich musste Bilder von Gegenständen erkennen, die nicht im selben Raum waren und so weiter. Ich möchte Ihnen eine Vorstellung davon geben, wie die Tests aufgebaut waren: Stellen Sie sich vor, wir sitzen in der Küche und hören ein Auto in die Einfahrt vor dem Haus fahren. Ich sage zu Ihnen: »Was glauben Sie, wer gerade angekommen ist?« Sie sind in meinem Haus, nicht in Ihrem. Sie haben also wirklich keine Ahnung, aber es könnte sein, dass Ihre übersinnlichen Fähigkeiten Ihnen einen Eindruck vermitteln, wer gerade gekommen ist. So ähnlich funktionierten diese Tests. Am Ende gelangten die Fachleute von der ARE zu der Überzeugung, dass meine Fähigkeiten echt sind, und ich wurde als »Hellfühlende« eingestuft, da ich über verschiedene Kanäle Botschaften erhalte: über Bilder, die ich sehe; über das Gehör; über das Fühlen und so weiter.

Was geschieht mit uns,
wenn wir sterben?

Die Menschen haben Angst. Sie haben gehört, dass wir ins Licht gehen, und wollen wissen: Tut es weh, wenn man ins Licht geht? Verlieren wir unsere Erinnerungen? Ist alles da, was wir zuvor hatten?

Soweit ich von den Seelen auf der Anderen Seite gehört habe, verlassen wir, wenn wir sterben, unseren Körper über die Füße oder den Kopf. Im Diesseits hat man mir von einer Silberschnur erzählt, die uns angeblich mit dem Leben auf der Erde verbindet, aber niemand aus dem Jenseits hat sie mir gegenüber je erwähnt. Es ist schwer, genau zu beschreiben, wie wir uns fortbewegen – es ist ein wenig wie schweben, ein wenig wie gehen, ein wenig wie fliegen, es ist ein »Angezogenwerden« vom Licht. Wir empfinden ein Gefühl der Vorfreude, vielleicht auch ein wenig Angst, aber die Freude ist stärker.

Gar nichts ist vergessen – im Gegenteil! Hier können wir uns nur an ein paar Höhepunkte in unserer Vergangenheit erinnern, im Jenseits dagegen erinnern wir uns an jeden einzelnen Moment, an jedes Detail, an alles, was wir gewusst, geliebt oder erlebt haben.

Wenn wir sterben und in das Licht eintreten, werden wir innerhalb von Sekunden zu Wissenden. Unser Leben läuft blitzartig vor uns ab, und wir sehen, wie eine Handlung die andere nach sich zog. Wir fühlen alles, was wir andere fühlen ließen – die Freude, den Schmerz. Wir sehen und verstehen den Dominoeffekt all unserer Handlungen und jedes Zusammenspiels mit anderen. Und wir wissen und verstehen, welche Aufgabe wir in diesem Leben erfüllen sollten.

Es gibt eine Zeit des Übergangs, eine Zeit, in der wir über unser Leben nachdenken können. Ich glaube nicht, dass sie einheitlich festgelegt ist; sie ist individuell verschieden. Viele Menschen brauchen Zeit für die Heilung physischer oder emotionaler Probleme, besonders wenn wir uns selbst etwas vergeben müssen, das wir zu Lebzeiten getan haben, worauf wir nicht gerade stolz sind, weil es einen anderen verletzt hat. In diesem Fall dauert es eine Weile, bis wir wieder mit dem Diesseits, den Lebenden, in Verbindung treten können. Wir erhalten auf jeden Fall Hilfe dabei, alles zu heilen, was wir in diesem Leben hier hätten tun sollen, wollen oder können. Manchmal sind wir traurig, weil wir wünschten, wir hätten in manchen Situationen anders gehandelt. Wir werden ermutigt, Groll und Schuldgefühle vollständig zu heilen. Es gibt auch eine Art physischer Heilung, obwohl sie im Grunde genommen nicht physisch, sondern spirituell ist. Ich kann gar nicht sagen, wie oft mir Menschen, die vor ihrem Tod krank waren oder sogar einen Körperteil verloren hatten, durch ihren Geist mitteilen, dass sie nun ganz heil und vollkommen gesund sind. Menschen, denen am Ende ihres Lebens im Diesseits das Gehen oder Stehen sehr schwer fiel, erzählen mir, sie können auf der Anderen Seite wieder tanzen.

Die wahre Schönheit des Lichts liegt in seiner vollkommenen Harmonie. Im Diesseits ist es möglich, das ganze Leben in Dunkelheit zu verbringen. Wir wissen nicht, was wir tun, oder welche Wirkung unsere Handlungen haben. Doch wenn wir hinübergehen, bekommen wir ein klares Bild davon, worum es auf dieser Seite geht.

Gibt es einen Himmel?

Ja, die Andere Seite ist der Himmel. Ich benutze diesen Begriff normalerweise nicht. Ich sage eher »das Paradies« oder einfach »die Andere Seite«. Bevor wir wieder dorthin zurückgehen, fällt es uns sehr schwer, uns vorzustellen, wie es dort ist. Es ist wunderbarer als alles, was wir auf dieser Seite machen, glauben, vollbringen oder erschaffen können. Ich glaube einfach nicht, dass der menschliche Verstand in der Lage ist, das zu begreifen, obwohl wir uns tief in unserer Seele durchaus daran erinnern.

Begegnen wir wirklich einem »Gott«, wenn wir auf die Andere Seite hinübergehen?

Auf jeden Fall ist da ein Gott, und wir begegnen ihm wirklich. Doch es ist nicht so, wie wenn man einem König oder Präsidenten begegnet. Gott ist kein von uns getrenntes Wesen, dem wir vorgestellt werden und die Hand schütteln und zu dem wir sagen: »Wie schön, Sie kennenzulernen. Ich habe schon so viel von Ihnen gehört!« Gott ist alles, und wenn wir hinübergehen, wird aus einem Teil Gottes, der wir bisher waren, eine Einheit mit Gott. Es ist also eher so, dass wir uns mit ihm vereinen, als dass wir ihn treffen. Gott ist reine, liebende Energie. Gott selbst ist dieses Licht, in das wir gehen, wenn wir sterben, so wie uns das alte Gebet sagt: Gott ist die Kraft und die Herrlichkeit, allezeit und in Ewigkeit, bis ans Ende der Zeit. Wir können nicht vollständig begreifen oder beschreiben, was Gott ist. Doch in den Tiefen unseres Unterbewusstseins kennen wir Gott, und es ist wunderbar, dass wir alle heimkehren und mit Gott eins werden dürfen.

Moment mal, wollen Sie damit sagen, dass Gott ganz bestimmt ein »Er« ist?

Nein, Gott ist weder ein »Er« noch eine »Sie«. Auch kein »Es«. Von Gott in der männlichen Form zu sprechen ist wegen der Begrenzungen unserer Sprache einfacher. Geister zeigen sich mir zwar als männlich oder weiblich, doch das tun sie nur, damit ich ihre Botschaft jemandem auf dieser Seite so wiedergeben kann, dass es diesem Menschen etwas sagt und dass er oder sie es verstehen kann. Wenn wir hinübergehen, sind wir nicht mehr männlich oder weiblich. Wir sind reine Energie und eins mit Gott. Gott ist all das. Und mehr.

Wie sehen wir aus,
wenn wir gestorben sind?

Wir haben kein physisches Erscheinungsbild mehr. Wir sind reine Energie. Wenn ich eine Sitzung halte, finden die Toten Wege, mir ein Erscheinungsbild zu zeigen, damit ich sie ihren Lieben im Diesseits beschreiben kann. Wie sie das machen, weiß ich aber, ehrlich gesagt, nicht.

Was gibt es zu tun
auf der Anderen Seite?

Es gibt so viele Dimensionen dort. Wir können selber wählen, welche Art von Schönheit wir erleben wollen. Alles, was uns im Diesseits gefallen hat, ist da – wie könnte es im Paradies auch anders sein? Wenn wir gerne Baseball gespielt haben, verbringen wir wahrscheinlich die meiste Zeit in einem traumhaften großen Baseball-Park und sehen dort unserem Lieblingsspiel zu oder spielen selbst. Wenn wir leidenschaftlicher Angler waren, können wir uns einen atemberaubend schönen, glitzernden See aussuchen. Wenn wir gerne in den Bergen waren, können wir Ski fahren, solange wir wollen. Wenn wir Musik geliebt haben, halten wir uns vielleicht in einem großartigen Varieté auf. All diese Dimensionen hat Gott erschaffen.

Einmal habe ich in einer Sitzung zu einer Frau gesagt:

»Ihr Mann sitzt gerade mit seinem Freund zusammen und spielt Dame.« Sie erwiderte: »Aber sie haben doch immer Backgammon gespielt.« Okay, ich bin nicht perfekt – das betone ich immer wieder –, aber der Punkt ist, dass sie das Spiel, das sie auf dieser Seite gerne spielten, auf der Anderen Seite fortgesetzt haben. Manche Geister erzählen mir, sie treffen sich nach wie vor einmal in der Woche und spielen Karten oder Ähnliches.

Können Sie uns erklären, was eine Nahtoderfahrung ist?

In den meisten Fällen wird eine Nahtoderfahrung durch ein traumatisches Ereignis wie ein Unfall oder eine ernste Erkrankung ausgelöst, also durch eine Situation, in der der physische Körper möglicherweise dauerhaft seine Funktionen hätte einstellen können. Es gibt aber auch einige tief geistige oder mystische Menschen, die durch spirituelle Meditationsübungen eine solche oder ähnliche Erfahrung machen können, ohne dass ihr Körper Schaden nimmt.

Die Seele hebt sich dabei aus dem physischen Körper und reist durch einen Lichttunnel, der normalerweise unsere »Letzte Ausfahrt Brooklyn« wäre – unser Durchgang auf die Andere Seite –, wo wir bleiben würden, bis es an der Zeit ist, wiedergeboren zu werden.

Bei einer Nahtoderfahrung geschieht das Gleiche, wie wenn wir sterben: Die Person wird von ihren Lieben begrüßt, die bereits hinübergegangen sind, und vor ihr läuft noch einmal ihr ganzes Leben ab, sie wird vielleicht herumgeführt oder erhält eine Unterweisung von einem spirituellen Meister, der sie bittet, sich das Gesagte zu merken. Es ist dort so schön und friedlich, dass diese Person oft nicht in ihren Körper zurückkehren will, doch jemand auf der Anderen Seite sagt ihr, dass ihre Zeit noch nicht gekommen ist. Sie muss zurück.

Im Diesseits wird dieser Mensch für tot erklärt, solange die Seele sich außerhalb des Körpers befindet. Es gibt in dieser Zeit keine Lebenszeichen. Doch wenn die Seele wieder in den Körper zurückkehrt, ist die Überraschung groß.

Geschieht eine Nahtoderfahrung zufällig? Oder gibt es einen Grund dafür, warum bestimmte Menschen ausgewählt werden, »fast zu sterben«?

Ich glaube, dass eine Nahtoderfahrung im Grunde ein Geschenk Gottes ist. In Wahrheit sind wir dauernd in Kontakt mit Gott. Immer. Doch wir sind uns dessen nicht ständig bewusst. Eine Nahtoderfahrung schärft unser Bewusstsein. Wenn ein Mensch vom richtigen Weg in seinem Leben abgekommen ist, kann diese Erfahrung der Weckruf sein, den er braucht, um die Richtung zu ändern und auf den guten Weg zurückzukehren.

Manchmal hat jemand auch gar nichts falsch gemacht.

Vielleicht sehen ihn die Meister der Anderen Seite als potenziellen Förderer notwendiger Veränderungen im Diesseits. Ein Mensch kann auf diesem Weg Botschaften für die ganze Welt erhalten oder eine bestimmte Mission, die er in der Zeit, die ihm auf Erden noch bleibt, erfüllen soll.

Was ist mit Menschen, die im Koma liegen? Versuchen sie, auf die Andere Seite zu gelangen? Oder bleiben sie möglicherweise wegen uns noch hier?

Ein Mensch im Koma hängt im wahrsten Sinn des Wortes zwischen Himmel und Erde. In einigen Fällen ist für ihn wirklich die Zeit gekommen hinüberzugehen, in anderen wird er auf natürliche Weise wieder zum Bewusstsein gelangen. Ich glaube, ein Mensch im Koma ist wie in einem tiefen Schlaf und erkennt nicht, dass er seinen Körper verlassen könnte. Ich denke aber nicht, dass jemand, der viele Monate oder Jahre lang im Koma liegt, nur schläft. Ich glaube schon, dass seine Seele den Körper verlässt. Wie das vonstattengeht, weiß ich wirklich nicht; wahrscheinlich ist es so ähnlich, wie wenn man eine Astralreise unternimmt. Manche Menschen haben in diesem Zustand mit Sicherheit eine Nahtoderfahrung.
Es gibt keine allgemeingültige Antwort. Das ist individuell verschieden. Einige Menschen wollen sehr gern auf die Andere Seite hinübergehen, und ihre Zeit ist gekom-

44

men. Wir halten sie vielleicht nur noch mit Hilfe unserer medizinischen und technischen Möglichkeiten hier, weil wir inzwischen wissen, wie man die Körperfunktionen aufrechterhalten kann. Ich halte es nicht für richtig, das Leben eines Menschen durch medizinische Apparate künstlich zu verlängern. Ich finde, wir haben kein Recht dazu, jemanden hier zu halten, der normalerweise hinübergehen würde. Das ist aber nur meine persönliche Ansicht, und es ist nicht gesagt, dass ich recht habe – ich sage lediglich, wie ich zu diesem Thema stehe.

Der Hauptgrund, warum Menschen im Koma nicht auf die Andere Seite hinübergehen, liegt vermutlich darin, dass sie einfach Angst haben. Sie haben Angst vor dem Übergang an sich. Sie befinden sich an einer Schnittstelle und fürchten sich vor dem Unbekannten. Sie wissen nicht, ob sie nach dem Übergang ganz aufhören zu existieren. Vielleicht befürchten sie auch, sie könnten durch ihr Weggehen einem Hinterbliebenen Leid zufügen. Sie müssen sich entscheiden und haben Angst davor, die falsche Entscheidung zu treffen – sie stecken fest. Ich glaube nicht, dass sie durch unsere Energie, unseren Wunsch, sie hierzubehalten, zurückgehalten werden. Ich glaube, dass das durch die Energie ihrer eigenen Ängste geschieht.

Haben Sie jemals in einer Sitzung eine Botschaft von einer Person erhalten, die aus medizinischer Sicht noch lebte?

Nein, eigentlich nicht. Ich denke, Sie meinen jemanden, der sozusagen an der Schwelle des Todes steht. In solchen Fällen höre ich normalerweise nichts von dem Betroffenen selbst, sondern von anderen Geistern, die bereits hinübergegangen sind. Sie erzählen mir dann zum Beispiel, dass dieser Mensch bald bei ihnen sein wird und dass sie sich gerade darauf vorbereiten, ihn zu sich zu rufen. Der oder die Betroffene sieht möglicherweise sogar die Geistwesen seiner Familie, die darauf warten, ihn zu empfangen. Wie jemand im Koma zögert er möglicherweise noch und ist nicht sicher, ob er gehen soll. Vielleicht hat er Angst. Doch seine Zeit ist gekommen. Ich spreche jedenfalls nicht mit dieser Person, sondern ich bekomme Botschaften über sie.

Kann sich jemand, dessen Zeit gekommen ist, weigern zu gehen?

Ich denke schon. Ich bezweifle aber, dass sich das über längere Zeit hinziehen kann. Noch kann unser Körper nicht ewig leben (und ich bin nicht sicher, ob das wirklich so erstrebenswert ist, obwohl ich weiß, dass manche es anstreben). Ich denke, man muss einen guten Grund haben, damit man bleiben kann, obwohl man gerufen worden ist. Soweit ich gehört habe, verspüren wir den starken Wunsch zu gehen, wenn wir einmal gerufen worden sind. Wir zögern vielleicht, weil wir denken, unser Gehen fügt jemandem hier großen Schmerz zu, aber es ist fast immer so, dass wir gehen wollen. Ich habe sehr oft in Sitzungen übermittelt bekommen, dass es für die Verstorbenen viel einfacher ist, wenn ihnen ein lieber Mensch sagt: »Es ist in Ordnung, dass du gehst.« Dafür sind sie sehr dankbar.

Wie wird entschieden, wer uns auf der Anderen Seite begrüßt?

Ich kann dazu keine definitive, allgemeingültige Antwort geben, aber ich weiß, es hat mit den Menschen zu tun, die wir geliebt und verloren haben, und mit den spirituellen Meistern (die man mit Fallmanagern vergleichen könnte), die im Diesseits eine Rolle in unserem Leben gespielt haben. Es ist immer eine Gruppe von Seelen, die uns nach Hause geleitet. Wenn eine Frau zum Beispiel in einer Sitzung übermittelt bekommt, dass ihr Mann sie abholen wird, wenn ihre Zeit gekommen ist, dann wird seine Seele da sein, aber er wird nicht alleine sein. Er wird von vielen anderen begleitet werden. Wir glauben vielleicht, wir werden nur »Augen« für diese eine Seele haben, wenn wir hinübergehen. In Wirklichkeit jedoch kommt dieses Wissen über uns, sobald wir ins Licht gehen, und wir erkennen alle anderen Seelen, die bei dieser einen sind. Wir erkennen sogar Seelen, die wir in diesem Leben auf der Erde nicht kannten, die uns aber aus vorherigen Leben vertraut sind.

Wissen die Toten etwas über unsere Vergangenheit, das sie zu ihren Lebzeiten nicht wissen konnten?

Sie wissen alles. Sie sind wie Gott. Wenn sie hinübergehen, werden sie omniszient, allwissend. Sie kennen all unsere Gedanken und Beweggründe. Auch was sie vorher nicht verstehen konnten, sehen sie nun klar. Es wird ihnen enthüllt, warum alles genau so geschehen ist.

Wenn wir hinübergehen, verstehen wir ganz und gar – zum Beispiel, warum Freunde oder Partner sich so verhielten, was ihre Mission war und in welcher Beziehung sie zu unserer Lebensaufgabe standen. Wir erkennen die Hintergründe und verstehen alles, was uns vorher rätselhaft erschien. Wir werden dann auch wissen, ob es in unserer Familie »Leichen im Keller« gab, die man uns verheimlichte. Ich erinnere mich an eine Sitzung, die ich für eine Frau gehalten habe. Ihr Sohn nahm Kontakt mit mir auf. Ich weiß nicht mehr, ob ich Informationen zu den näheren Umständen erhalten hatte, jedenfalls war er vor seiner Mutter hinübergegangen. Er sagte seiner Mutter, er wisse, dass die Person, die er im Diesseits als Onkel gekannt hatte, in Wirklichkeit sein Vater war. Er klagte seine Mutter jedoch nicht an. Er gab ihr zu verstehen, ihm sei klar, warum sie ihm nichts darüber gesagt und es stattdessen geheim gehalten hatte. Ihm sei bewusst, was mit der Familie geschehen wäre, wenn irgendjemand davon erfahren hätte.

Urteilen die Toten über die Lebenden?

Nein, sie urteilen überhaupt nicht. Wir sind diejenigen, die urteilen, obwohl uns das nicht zusteht. Auf der Anderen Seite ist nur Raum für grenzenlose Liebe, Vergebung und Freude. Urteile haben dort keinerlei Raum.

Wie ist das mit der Religion auf der Anderen Seite?

Wenn wir hinübergehen, gibt es keine verschiedenen Religionen mehr. Man kommt nicht auf der Anderen Seite an und sieht achtzehn Schreibtische und wird von einer Ordnungskraft eingewiesen: »Muslime auf die linke Seite, Juden auf die rechte, Katholiken den Flur entlang, die zweite Tür rechts.« Wenn wir auf die Andere Seite kommen, sind wir alle gleich. Wir sind alle eins. Es gibt nicht ein oder zwei Dutzend verschiedene Himmel, in die wir gehen. Es gibt nur einen. Was stellen Sie sich vor? Meinen Sie, wenn ich für Herrn Goldberg eine Sitzung halte, schaltet sich eine Telefonistin ein: »Einen Moment bitte, meine Dame, ich verbinde Sie mit dem jüdischen Himmel.« Nein. Es ist derselbe Ort für dich, für mich, für Menschen jeder Hautfarbe, Weltanschauung oder Religion.

Gott hat die Religionen und all unsere Unterschiede erschaffen, weil er uns beibringen wollte, dass wir einander trotz unserer Verschiedenheit lieben sollen. Bisher funktioniert das noch nicht so gut. Ich bin mir sicher, Gott ist darüber sehr traurig. Es gibt einen Werbespot im Fernsehen, der mir wirklich gefällt. Ich glaube, er ist von der Kirche Jesu der Heiligen der Letzten Tage, den Mormonen. Die Szene spielt in einer Kirche, und man sieht zuerst ein schwules Paar in der Bank sitzen. Unten am Bildschirmrand ist ein Knopf, und eine große Hand kommt und drückt auf den Knopf, und das schwule Paar fliegt aus der Kirche. Dann sieht man, wie eine alte, wohnsitzlose Frau hereinkommt und sich setzt, und wieder erscheint die Hand und drückt auf den Knopf, und die Frau fliegt aus der Kirche. Dann kommt ein Paar verschiedener ethnischer Herkunft mit einem süßen Baby herein. Die Hand erscheint wieder und drückt auf den Schleuderknopf, und die ganze Familie wird hinauskatapultiert. Dann erscheint eine Botschaft: Gott weist keinen zurück. Das ist die Wahrheit. Gott weist keinen zurück. Ich mag diese Werbung, weil sie darauf hindeutet, dass die Welt doch langsam aufwacht und sich verändert und die Menschen sich gegenseitig stärker annehmen. Macht es mir etwas aus, wenn zu meinem Grillfest Menschen verschiedener Rassen, Klassen und sexueller Orientierung kommen? Verletzt es mich? Die einzigen, die das stören würde, sind Menschen in weißen Kapuzengewändern, und die sind im Bertoldi's sowieso nicht willkommen!

Verehren wir Gott auf der Anderen Seite?

Nein. Wir verehren Gott nicht. Aber wir lieben Gott und sind Gott. Hier auf der Erde unterliegen wir Begrenzungen; hier sind wir nur ein Teil Gottes. Im Jenseits jedoch sind wir vereint zu einem grenzenlosen »Leib Gottes« – besser kann ich es nicht ausdrücken.

Geht jeder ins Licht?

Nein, das Böse geht nicht ins Licht. Jeder von uns wird am Ende seines Lebens zur Rechenschaft gezogen und muss für seine Taten geradestehen. Nach allem, was ich weiß und gehört habe, glaube ich, die sogenannte Hölle ist kein heißer Feuerkessel, in dem die Bösen für immer schmoren. Sie ist ein Ort, in den kein Licht dringt, eiskalt und stockfinster, völlig ohne Liebe. Aber ich verstehe dieses Reich nicht vollständig, weil ich keine Verbindung zu ihm habe.

Glauben Sie, es gibt so etwas
wie das Böse an sich?

Ja, ich glaube schon. Was wir als Teufel bezeichnen oder als bösen Geist, gibt es wirklich. Genauso wie es das Positive gibt, gibt es auch das Negative. Wir leben in einer Welt der Dualität, und es gibt das eine nicht ohne das andere. Ich bin aber davon überzeugt, dass das Gute stärker ist als das Böse. Man muss sich nur vor Augen führen, was geschieht, wenn man eine kleine Kerze in einen dunklen Raum trägt. Der Raum wird von ihr erleuchtet und ist nicht mehr dunkel. Die Dunkelheit kann eine Kerze nicht hindern zu leuchten. Das Licht ist in der Lage, die Dunkelheit zu vertreiben, aber die Dunkelheit kann das Licht nicht auslöschen.

Wenn Menschen einen gewaltsamen Übergang erleben, zum Beispiel, weil sie Opfer eines Mordes werden, sind sie dann im Himmel unglücklich oder finden sie inneren Frieden?

Auf der Anderen Seite finden sie Frieden. Sie *sind* Frieden. Sie *sind* Liebe. Es kann sein, dass sie zu Beginn etwas traurig sind, weil ihr Leben vorzeitig beendet wurde und sie nicht die Chance hatten, das zu tun, wozu sie auf die Erde gekommen waren. Doch sobald ihnen Verstehen geschenkt wird, verschwindet dieses Gefühl schnell. Ärger und Kummer sind überhaupt nicht die Regel auf der Anderen Seite. Wir müssen auch bedenken, dass sie möglicherweise wussten, dass das Geschehene Teil ihres Lebensentwurfs sein würde, und dass sie zustimmten, bevor sie kamen. Wir wissen es nicht. Ich habe beispielsweise Sitzungen gehalten, in denen jemand Kontakt aufnahm, der bei den Anschlägen auf das World Trade Center ums Leben kam. Diese Person zeigte nicht den geringsten Groll. Sie wusste, dass sie ein Opfer gebracht hatte, das zu einer Veränderung führen würde.

Wenn wir meinen, die Seelen empfinden Ärger und Kummer, denken wir wie Menschen aus Fleisch und Blut. Wir sind im Diesseits der Meinung: Umgebracht zu werden ist mit Sicherheit das Furchtbarste, was einem geschehen kann. Wir sehen es als Verlust des Lebens, als Verlust des Körpers, als Verlust unserer freien Willensäußerung. Wir meinen, wenn wir ermordet werden, ist es, als müssten wir für immer im Gefängnis sein, eingesperrt in eine Zelle, ohne Hoffnung, je wieder herauszukommen, und als müssten wir Tag für Tag zusehen, wie unser Leben vergeht, ohne dass wir etwas daraus machen können. In Wirklichkeit wird ein Mensch, der ermordet wird – auch wenn er das eigentlich nicht wollte –, im Tod befreit. Der Geist unterliegt keinen Grenzen. Diese Menschen haben uns nicht verloren; sie sind noch immer bei uns. Das ist eine ganz andere Sichtweise.

Erlebt jemand, der gewaltsam zu Tode kommt, das Trauma des Angriffs oder wird er aus seinem Körper hinauskatapultiert, damit er nicht leiden muss?

Er wird definitiv sofort aus seinem Körper hinauskatapultiert und von einer Gruppe Seelen empfangen, die ihn an einen Ort intensiver, vollkommener Liebe führen. Die Seelen helfen dieser Person (die nun auch eine Seele ist), sich an die neue Umgebung zu gewöhnen. Sie muss kein Leid ertragen, das wird sofort von ihr genommen, und in dem Augenblick, in dem sie in das Licht eintritt, erinnert sich die Seele, wozu sie diese Erfahrung machen musste, warum sie ihr zugestimmt hatte. Ich möchte noch einmal betonen, dass die Seele unter diesen Umständen den Körper sofort verlässt und nicht leidet. Es ist für uns hier auf dieser Seite sehr schwer, sich vorzustellen, dass die Seele nicht im Körper ist. Doch Schmerz ist eine physische Erfahrung, und diese Seele ist nicht länger im Physischen, daher erleidet sie keinen Schmerz.

Ist es für einen Menschen, der durch eine Gewalttat ums Leben gekommen ist, wichtig, dass sein Mörder der gerechten Strafe zugeführt wird?

Wenn er erst einmal dort ist, liegt es bei Gott zu richten. Auf der Anderen Seite haben Rache, Bestrafung und Vergeltung, auf die wir hier so sehr aus sind, nicht dieselbe Bedeutung. Niemand »kommt ungeschoren davon« auf der Anderen Seite. Doch dort wird das Recht nicht durch Gerichte und Gefängnisse durchgesetzt, sondern durch Karma. Gott entscheidet, was recht ist. Es herrscht nur noch Vergebung zwischen den Seelen, auch bei denen, deren Leben auf gewaltsame Weise beendet wurde. Es ist nicht leicht, sich das vorzustellen, aber so ist es.

Was wissen Sie über die Seelen von Menschen, die Selbstmord begangen haben?

Das ist ein sehr schwieriges Thema, und ich möchte keine zu einfache oder falsche Antwort geben. Vieles in diesem Zusammenhang verstehe ich nicht. Mir ist gesagt worden, dass es nichts Schlimmeres gibt, als einem Menschen das Leben zu nehmen, und jeder weiß vom Gefühl her, dass das wahr ist. Trotzdem ist es meiner Meinung nach ein Unterschied, ob man vorsätzlich mordet oder von seinem Land in den Krieg geschickt wird oder ob man einen anderen ohne Absicht tötet oder ob man sich selbst das Leben nimmt, weil man auf dieser Seite weder aus noch ein weiß. Ich glaube, dass es auf der Anderen Seite viele verschiedene Ebenen gibt für diese Unterschiede. Da drüben geht es nicht um Verurteilung, sondern um Gerechtigkeit, Vergebung und Heilung. Spirituelle Meister helfen dem Einzelnen, sich zu vergeben und sich selbst zu heilen. Der Geist, der sich selbst getötet hat, muss lernen, sich zu vergeben. Das ist alles andere als einfach, weil er im tiefsten Grund seiner Seele weiß, dass er Unrecht getan hat. Es gibt Selbstmorde, die uns vermuten lassen, dass der Mensch eigentlich nicht so weit gehen wollte und es sich eher um einen Hilferuf handelte. In diesem Fall könnte ein Selbstmordversuch, der unglücklicherweise erfolgreich war, von den Menschen, die ihn liebten, als »Unfall« eingestuft werden. Tod durch eine Überdosis Drogen oder Verkehrsunfälle, bei denen nur ein Auto beteiligt war, könnte man ebenfalls als »Unfälle« bezeichnen. Doch soweit ich es verstanden habe, gab es selbst in diesen Fällen eine gewisse Absicht – in gewisser Weise wollte die Person gehen –, und deshalb ist der Tod nicht völlig unbeabsichtigt eingetreten. Diese Seele wird mit sich selber ins Reine kommen und ihre Gefühle in Bezug auf die Tat verarbeiten müssen. Sie hat die Möglichkeit verloren, das Karma dieses Lebens zu erfüllen, und dadurch noch mehr Karma für sich selbst angehäuft. Sie hat eine Situation geschaffen, für die sie in einem anderen Leben einen Ausgleich herstellen muss. Es ist wie in dem Film *Die Faust im Na-*

cken, in dem Marlon Brando den Kampf aufgibt. Später tut es ihm leid. Er sagt: »Ich hätte was werden können.« Wenn wir den Kampf aufgeben, entstehen Schuldgefühle. Wer einen Selbstmord begeht, erfährt von Gott Vergebung, aber er muss so lange mit sich selbst ringen, bis er sich vergeben kann.

Haben wir auf der Erde eine Möglichkeit, unseren Lieben zu helfen, die Selbstmord begangen haben, dass sie Frieden finden?

Wir können für sie beten. Sie hören unsere Gebete und Gott hört sie natürlich auch. Es hilft ihnen sehr, wenn sie unsere positiven Gedanken und Gebete um Heilung hören. Wir können zum Beispiel sagen: »Gott, bitte schütze und behüte sie und lasse sie ihren Seelenfrieden wiederfinden.«

Wer sind unsere Schutzengel? Treffen wir sie, wenn wir sterben?

Wir sehen dann all unsere Lieben und werden sogar andere Seelen erkennen, die wir hier auf dieser Seite nicht gekannt haben, mit denen wir aber vorher zusammen waren und die uns von der Anderen Seite aus in unserem Leben geholfen haben. Sie sind unsere Schutzengel.

Wenn wir Heilung für unser Leben erreicht haben, sind wir bereit, wieder neue Aufgaben zu übernehmen. Zuvor *besaßen* wir Schutzengel, und wenn wir hinübergehen, *werden* wir Schutzengel. Wir erhalten verschiedene Aufgaben. Wir werden zum Beispiel ausgesandt, um Ratgeber zu sein. Wir führen dann Seelen auf dieser Seite, damit sie gute Entscheidungen treffen. Einigen Seelen fällt es schwer, sich ihr Verhalten im Diesseits zu vergeben, wenn sie erkennen, welche Auswirkungen ihre Taten hatten. Deshalb gibt es Seelen, deren Aufgabe es ist, sie im Jenseits bei der Heilung zu unterstützen.

Was ist der Unterschied zwischen Engeln, Geistern, Seelen und Beschützern?

Eigentlich kann man das nicht so scharf trennen. Eine Seele ist ein Geist und ein Engel und ein Beschützer. Es sind alles nur verschiedene Begriffe für das Gleiche. Auch wenn uns im Moment kein Engel (keine Seele, kein Geist) aus der Bahn eines entgegenkommenden Autos zieht, so ist er doch ein Beschützer und gibt auf uns acht.

Was ist ein Geistführer?

Geistführer haben zahlreiche irdische Leben gelebt. Die meisten werden noch weiter wiedergeboren, obwohl es auch einige gibt, die sich über den Prozess der Wiedergeburt hinausentwickelt haben. Man könnte mit den Worten der Hindus sagen, sie haben den Daseinskreislauf durchbrochen. Doch im Grunde genommen sind *Lehrer* und *Geistführer* austauschbare Begriffe.

Gibt es schlechte oder gefallene Engel?

Ja, ich glaube schon, dass es sie gibt. Bestimmt hat jeder von Luzifer gehört. Er war ein Diener Gottes; ich würde ihn als spirituellen Meister bezeichnen. Es gibt sicher noch weitere. Es geschehen viele schreckliche Dinge auf dieser Seite. Ich glaube nicht, dass eine schwarze Seele allein das alles verursachen könnte. Ich bin in meinem eigenen Leben schon einer ganzen Reihe von Individuen begegnet, bei denen ich das Böse spüren konnte. Ich kann mir aber nicht vorstellen, dass das immer wieder dieselbe Seele war, die in einer Lebenszeit in verschiedenen Körpern auftauchte. Ich glaube nicht, dass das so funktioniert.

Welche Aufgabe hätte ein gefallener Engel in dieser Welt?

Ich werde dieses Teil des Puzzles nie vollständig verstehen. Das ist aber eine der ersten Fragen, die ich stellen werde, wenn ich drüben ankomme, da diese Seelen im Diesseits so viel Leid verursachen. Vielleicht ist es wie im Garten Eden – Gott wollte ein paar schlechte Äpfel hereinwerfen und sagen: »Mal sehen, wie ihr *damit* umgeht.« Ich nehme an, wenn wir mit dem Bösen in Berührung kommen, fordert uns das heraus, bessere Menschen zu werden, nicht aufzugeben, zu lernen und zu wachsen. Wenn ich drüben ankomme, wird Gott mir dazu Rede und Antwort stehen müssen!

Wie beschützen uns unsere Schutzengel?

Mir kommen ständig Geschichten zu Ohren von Leuten, die fast gestorben wären oder schwer verletzt wurden und etwas erlebt haben, das man eine »göttliche Intervention« nennen könnte. Das sind unsere Schutzengel, Geistwesen von der Anderen Seite, die uns behüten. Ich erinnere mich an den Fall der jungen Linda, die eines Tages zu mir kam. Ihre Mutter nahm sofort Verbindung auf und wollte eine Reihe von Botschaften übermitteln. Sie bat mich: »Erwähnen Sie die Ketten und sagen Sie ihr: ›Ganz liebe Grüße.‹« (Die Seelen bitten mich sehr oft, »liebe

Grüße« zu sagen. Normalerweise zeigen sie mir etwas, das ihnen gehörte, das die andere Person nun hat und das eine symbolische Verbindung darstellt zwischen dem Lebenden und dem Verstorbenen.) Ich sage also zu Linda: »Ihre Mutter bittet mich, die Ketten zu erwähnen und Ihnen liebe Grüße auszurichten. Haben Sie Ketten von ihr?« Da brach Linda völlig zusammen. Sie brauchte einen nassen Waschlappen, um wieder zu sich zu kommen und sich zu fassen. Dann erzählte sie mir, dass ihre Mutter, als sie starb, keinen wertvollen Schmuck besaß – nur Modeschmuck und andere billige, witzige Accessoires. Linda wollte ein Andenken an ihre Mutter und nahm sich drei billige Glasperlenketten, wie man sie an Fasching trägt. Sie wickelte sie fest um den Rückspiegel ihres Autos, so dass sie nicht herunterhingen. Eines Tages war sie mit dem Auto unterwegs, und plötzlich sah sie einen Lkw direkt auf sich zukommen. Sie konnte nicht ausweichen, ihm zu keiner Seite Platz machen, es wird einen Frontalzusammenstoß geben, dachte sie. Sie wusste, dass sie wohl sterben würde, und als der Lkw auf sie zuraste, schrie sie: »Mama!« Als sie wieder zu Bewusstsein kam, stellte sie fest, dass sie noch am Leben war. Ihre Hand lag in ihrem Schoß, und die Finger schlossen sich fest um die drei Ketten, die ausgebreitet auf ihren Beinen lagen.

Die Toten haben mich schon oft in meinem Leben aus einer brenzligen Situation befreit. Ich weiß jedoch, dass ich sterblich bin und der Tag kommen wird, an dem meine hilfreichen Geister machtlos sind. Ich weiß, sie tun, was sie können, und helfen, soweit es ihnen erlaubt ist einzugreifen, aber hier auf Erden haben wir das Steuer in der Hand. Wir müssen selbst auf uns aufpassen und können uns nicht vollkommen darauf verlassen, dass uns die lieben Verstorbenen immer aus der Klemme helfen. Man muss einfach jeden Tag erfüllt leben, in Freude und Dankbarkeit und voller Hoffnung, dass alles gut wird.

Was tun unsere Schutzengel noch für uns, außer dass sie uns beschützen?

Eine ihrer Aufgaben liegt darin, Ratgeber für uns zu sein. Unser Gewissen zum Beispiel setzt sich zusammen aus unserer eigenen Intelligenz und dem Wirken unserer Schutzengel. Wahrscheinlich haben Sie die Karikatur schon einmal gesehen, in der ein guter Engel auf der einen Schulter eines Menschen sitzt und ein böser Engel auf der anderen. Woher, glauben Sie, kam die Idee zu dieser Karikatur? Derjenige, der das zuerst gezeichnet hat, muss gewusst haben, dass es genau so ist. Auch wenn man meint, eine Entscheidung ganz alleine zu treffen, so erfährt man doch Leitung von den Seelen der lieben Verstorbenen, die sich um einen kümmern. Außerdem bin ich überzeugt davon, dass wir dauernd von »negativer Energie« herausgefordert werden. Zum Beispiel, wenn ein Kind heult und schreit und einfach nicht aufhören will. Der gute Engel sagt: »Du bist der Erwachsene – das ist ein Kind.« Er argumentiert, dass du deine Position verstehen, die Situation aus der Perspektive eines reifen Menschen betrachten und dem Kind nicht übelnehmen sollst, dass es weint.

Der böse Engel dagegen sagt: »Hau ihm eine runter!«
Viele Menschen wählen den Mittelweg. Sie wissen, sie
sollten das Kind nicht schlagen, aber sie sagen trotzdem:
»Wenn du nicht aufhörst zu heulen, gebe ich dir gleich
einen Grund.« Die negative Energie wirkt sich aus, aber
die Inspiration und Führung des guten Engels hält sie davon ab, ihr nachzugeben.

Es gibt keinerlei Grenzen für die Hilfe, die unsere Engel
uns zukommen lassen können, wenn wir sie wirklich brauchen. Sie können sich allerdings nicht um alles kümmern.
Wir müssen uns schon selbst bemühen, indem wir eigene
Entscheidungen treffen, eigene Fehler machen und unsere Lektionen lernen. Doch wenn Sie in einer verregneten,
stürmischen Nacht darauf angewiesen sind, dass der Zug
kommt oder das Taxi oder dass Sie einen Parkplatz finden,
dann können *sie* Ihnen bestimmt helfen.

Ich bekomme reichlich Hilfe von den »Leutchen« dort
drüben. Einmal war ich unterwegs zu dem Haus einer
Frau, bei der ich eine Gruppensitzung, eine »Hausparty«,
halten wollte, und ich hatte mich kurz vor dem Ziel ver-
fahren und war nervös, weil ich es hasse, zu spät zu kommen. Da sah ich einen Mann in Uniform, der in eine
bestimmte Richtung deutete, und irgendwie wusste ich,
dass er mir die Richtung wies. Als ich das Haus erreichte,
sagte ich: »Es tut mir leid; ich bin ein wenig zu spät. Ich
habe den Weg nicht gefunden, aber dann sah ich einen
Mann, der mir das richtige Haus zeigte.« Ich beschrieb
den Mann und erzählte, wo er gestanden hatte. Ein weib-
licher Gast sagte: »Oh mein Gott! Das war mein Mann!«
Sie erzählte mir, die Leute hätten ihren Mann liebevoll
»Bürgermeister unserer Straße« genannt. Er sagte den

Leuten immer, was sie mit ihrem Müll machen sollten und wann der Rasen geschnitten werden musste. Unser Treffen fand zufällig einen Tag vor seinem fünften Todestag statt. Die Frau erzählte mir, er habe immer dort gestanden, wo ich ihn gesehen hatte. Sein bester Freund wohnte da. Dieser Mann ist hinübergegangen, aber er hilft noch immer in der Nachbarschaft.

Ein anderes Mal hatte ich ein bedeutendes Geschäftstreffen und bat *sie*, mir bei dem wichtigen Gespräch zu helfen. Ich sagte: »Bitte lasst mich gut aussehen und ein Star sein!« *Sie* erwiderten: »Klar, wenn du mit deinem großen Kopf durch die Türe kommst, helfen wir gern.«

Können uns die Toten dabei unterstützen, verlorene Gegenstände wiederzufinden?

Wenn wir sie darum bitten, unterstützen sie uns auch. Ansonsten glaube ich, dass es ihnen Spaß bereitet, dabei zuzusehen, wie wir ausrasten und das ganze Haus auf den Kopf stellen, wenn wir etwas verlegt haben. Mein Mann John verlor einmal seine Schlüssel und suchte sie überall. Da John nicht gern um Hilfe bittet, fragte er mich nicht. Nach einem Monat sagte er wieder zu mir: »Ich kann die Schlüssel einfach nicht finden.« Ich fragte daraufhin seinen Vater: »Leo, wo sind Johns Schlüssel?« Ich muss dazusagen, dass wir mitten im Wald auf einem sehr großen Grundstück wohnen, und als mein Mann mich endlich um Hilfe bat, war tiefster Winter. Damals war das ganze

Gelände mit dürrem Laub und Neuschnee bedeckt. Leo führte mich an eine bestimmte Stelle auf unserem Grundstück und sagte, ich solle mich bücken und den Schnee und das Laub zur Seite schieben, und da lagen sie! Gott ist mein Zeuge – ich habe nichts anderes getan. Ich musste nicht hier und dort suchen. Ich musste keine größere Fläche freikehren. Ich bückte mich ein Mal an einer Stelle, und die Schlüssel waren genau dort. Ich rief John in der Arbeit an und informierte ihn, dass ich mit Hilfe seines Vaters die Schlüssel gefunden hatte. Ich fragte ihn: »Glaubst du mir jetzt? Bist du beeindruckt?« Was er dann sagte, war typisch: »Ja, ich bin beeindruckt. Aber noch viel mehr würde mich beeindrucken, wenn du mit meinem Vater da hinausgehst und ihn bittest, dir zu verraten, wo er die Million vergraben hat.«

Sehen Tote wirklich alles?
Weiß die Oma, was ich im Bett mache?

Na klar! Und Oma weiß das ganz bestimmt ... Sie sehen uns im Bad und sie sehen uns im Schlafzimmer! Aber *wen* stört es? Sie sind tot! Wem sollen sie es erzählen?
Verlieren Sie jetzt bloß nicht die Nerven. Sie müssen sich vergegenwärtigen, dass Geister keinen Körper haben. Sie *erinnern* sich daran, wie es ist, aber es bedeutet ihnen nichts mehr. Sie urteilen nicht. Sie sagen nicht: »Schreck, lass nach, hat die einen fetten Hintern!« oder: »Ich an seiner Stelle hätte mich da rasiert!« oder: »*Heiliger Strohsack!*

Hast du schon mal so einen großen … gesehen?« Ich glaube, Sie verstehen, worauf ich hinauswill. Die Toten sind keine Spanner. Es gibt ihnen keinen besonderen Kick, uns zu beobachten, und es ist nicht unterhaltsam für sie – das ist nur unsere *menschliche* Vorstellung. Sie betrachten es als menschliche Natur, genauso wie wir, wenn wir Tiere dabei beobachten, einfach denken, das ist ihre Natur. Wir grinsen oder lachen vielleicht darüber, aber wir urteilen nicht. Wir erwarten von Hunden oder Eichhörnchen nicht, dass es ihnen peinlich ist, wenn wir ihnen dabei zusehen. Natürlich sehen die Toten uns in der Dusche oder wenn wir uns lieben, aber für sie ist das nicht anders, als wenn wir eine ganz normale liebevolle Geste zwischen zwei Menschen beobachten. Wir urteilen nicht darüber. Wir lächeln nur und denken, wie schön. Die Geistwesen freuen sich einfach mit Ihnen, wenn Sie geliebt werden oder einen One-Night-Stand genießen. Sie sind froh, wenn es Ihnen gutgeht. Die Toten sind, was Sex angeht, nicht halb so spießig wie manche Erdenbewohner – nicht einmal unsere toten *sizilianischen* Vorfahren!

Und bevor Sie mich danach fragen – ja, *sie* sehen auch, wenn wir etwas verbergen und hinterhältig handeln. Sie sehen, wie wir den Kühlschrank überfallen und das Eis und die Reste der Lasagne verschlingen, während wir eigentlich auf Diät sind. Sie sehen, wenn wir in der Nase bohren, weil wir kein Taschentuch finden. In ihren Augen ist das normales menschliches Verhalten. Sie urteilen nicht. Sie sehen uns auch im Operationssaal und im Klassenzimmer und wenn wir im Urlaub bei Tisch sitzen. Sie feiern alle Feste mit und helfen uns, Trauer und Kummer zu überwinden.

Kann man die Toten darum bitten,
einen Moment ungestört zu sein?
Kann man zur Anderen Seite sagen:
»Könntet ihr bitte mal kurz wegschauen,
Oma und Opa?«

Tut mir leid, aber ich muss Sie enttäuschen, das geht nicht. Auch wenn Sie sie bitten würden: »Schaut mal weg!«, würde das nichts ändern. Was ist mit Gott? Sie denken sicher nie darüber nach, dass Gott Ihnen zusieht, oder? Das ist dasselbe. Hört Gott irgendwann einmal auf zuzusehen? Nein. Wenn Ihre Großeltern dort drüben sind, sind sie bei Gott. Es ist nicht möglich, das auszuschalten oder sich davor zu verstecken.

Hat man auf der Anderen Seite Sex?

Denken Sie denn immer nur an das eine?
Nein! Die Toten sind eine Energieform und haben daher keine fleischlichen Bedürfnisse und Wünsche. Sie lieben sich nicht körperlich, sie essen nicht und – sie gehen auch nicht aufs Klo. Sie sind Geistwesen und haben keinen Körper. Ich weiß, Sie denken jetzt vielleicht: »Kein Essen? Kein Sex? Da gehe ich nicht hin!«

Gibt es
unter den Geistwesen
so etwas wie alte Lustmolche?

Na ja, ich habe nicht behauptet, dass die Toten keine Witze machen über den Körper oder über die Bedürfnisse des Fleisches. Es kann vorkommen, dass sie jemanden berühren oder schubsen, um zu zeigen, dass sie dazu in der Lage sind. Zwei Mal hat ein Geist tatsächlich versucht, mit mir Liebe zu machen. Das war sehr merkwürdig, aber nicht furchterregend. Ich weiß natürlich nicht, wie andere Menschen das empfinden. Ich habe aber schon oft gehört, dass Geister jemanden berührt haben. Ich hatte einen Klienten, in dessen Strandhaus an der Atlantikküste von New Jersey ein äußerst verspielter Geist lebte. Er wohnte anscheinend in der Dusche und drückte sich gegen jeden, der die Dusche benutzte – nicht immer, aber so häufig, dass die ganze Familie davon wusste. Wenn sie Besuch im Strandhaus hatten, amüsierten sie sich immer köstlich, wenn jemand die Dusche benutzte. Alle Gäste kamen mit einem merkwürdigen Gesichtsausdruck aus dem Badezimmer und machten Bemerkungen wie: »Ihr werdet nicht glauben, was ich eben erlebt habe …« Die Familie antwortete dann im Chor: »Wir kennen Charlie!«

Die Toten machen sich nur hin und wieder ein Späßchen mit uns. Sie lieben Scherze, die mit dem Körper zu tun haben. Wir stecken drin, deshalb verstehen wir ihre Späße nicht immer oder finden sie nicht witzig. Wir haben es nicht leicht, hier auf der Erde, in physischer Form.

Wir haben gute Tage und schlechte Tage. Aber ich glaube, Sie sind einer Meinung mit mir, dass es, wenn es gut ist, tierisch gut sein kann!

Erinnern sich die Toten daran, dass sie auch Sex hatten?

Natürlich erinnern sie sich daran!

Das erinnert mich wiederum an eine Geschichte: Vor einigen Jahren kamen zwei Frauen zu mir und baten mich um eine Sitzung. Sie waren langjährige Freundinnen und entweder Ende siebzig oder Anfang achtzig, und sie hatten einen gemeinsamen Termin vereinbart. Beide wollten Kontakt zu ihrem Ehemann aufnehmen, und die beiden Männer kamen ohne Probleme »durch« und waren anwesend. Sie kannten sich natürlich alle untereinander, und die beiden Männer machten Späße über ihre »nächtlichen Verabredungen«, was eigentlich eine freundliche Umschreibung dafür war, dass sie mit ihrer Frau Sex hatten. Der eine Mann sprach also über die Mittwochabende und der andere über die Freitagabende. Einer erwähnte ein Restaurant. Ich fragte seine Frau, die gerade an der Reihe war: »Sagt Ihnen dieses Restaurant etwas?« Es stellte sich heraus, dass das Ehepaar mehrere Abende in der Woche dieses Restaurant besuchte. Jeder kannte sie dort, und zwar so gut, dass man vom »Mittwochabend« wusste. Der Ober fragte immer am Ende der Mahlzeit: »Wünschen Sie noch ein Dessert?«, doch dann korrigierte er sich mit einem Augenzwinkern: »Ach nein, Sie wollen bestimmt kein Dessert; eben fällt mir ein, es ist ja *Mittwoch* und da möchten Sie bestimmt nach Hause!« Ihre Freundin lachte, bis ihr eigener Mann anfing, sich über die *Freitagabende* auszulassen und darüber, dass sie ihr Haarnetz immer anbehielt, wenn sie sich liebten! Daraufhin musste die erste Frau lachen, als wollte sie sagen: »Zumindest hatte ich beim Sex kein Haarnetz an!« Es war so komisch, als ob sie gemeinsam mit ihren toten Ehemännern eine Komödie aufführten!

Vermissen die Toten ihren Körper?

Ich habe den Eindruck, dass sie ihren Körper zwar nicht vermissen, aber angenehme Erinnerungen an ihre physischen Erfahrungen haben. Sie erinnern sich daran, dass sie aßen und Sex hatten. Aber sie denken humorvoll an ihre Sehnsüchte und Genüsse auf der Erde. Es muss für die meisten Menschen wirklich schwer sein, sich vorzustellen, wie es dort ist, weil wir als Geist nicht einmal männlich oder weiblich sind. Wir sind vollständig geschlechtslos. Wir werden sowohl als Mann als auch als Frau wiedergeboren, weil wir in jeder Rolle andere Lektionen lernen können, und der Geist behält diese Lektionen. Wir identifizieren uns hier so stark mit unserer Rolle als Mann oder Frau, mit dem, was wir gerade in diesem Leben sind, sogar wenn wir uns als schwul, lesbisch oder bisexuell sehen. Es ist schwer für uns zu begreifen, dass wir einmal keinen Körper mehr haben werden und weder männlich noch weiblich sind.

Ein anderer Aspekt ist der, dass deprimierte oder traurige Menschen in meinen Sitzungen zwar häufig sagen, wenn sie einmal sterben, wollen sie nicht mehr zurückkommen. Ich höre das dauernd: »Ich will auf der Anderen Seite bleiben.« Oder: »Ich hoffe, das ist das letzte Mal, dass ich hier bin.« Doch wenn wir einmal dort sind, drängt uns irgendetwas dazu, zurückzukommen ins Fleisch, damit wir neue Lektionen lernen können. Ich glaube, unser höchstes Ziel liegt darin, ein spiritueller Meister oder Geistführer zu werden – ein göttlicher Geist, der Gott nahe ist. Dessen müssen wir uns würdig erweisen. In der Existenzform als Seele ist nichts wichtiger, als sich würdig zu erweisen und Gott nahe zu sein. Auf dieser Seite wollen wir verheiratet sein und Kinder haben; wir wollen reich und schön sein. In Energieform hat Physisches keine Bedeutung mehr. Dann ist für uns nur noch Gottes Nähe wichtig.

Können wir uns unseren Körper aussuchen, wenn wir uns entscheiden, ins Diesseits zu kommen?

Ja und nein. Wir bekommen den Körper, den wir für unsere Mission in diesem Leben brauchen. All unsere Merkmale – das Schöne und die Mängel – werden für uns so ausgesucht, dass wir unsere Lektionen lernen und unsere

Lebensaufgabe erfüllen können. Es ist also eine Kombination aus verschiedenen Merkmalen, für die man keine Formel aufstellen kann. Jeder Mensch wird individuell ausgestattet. Wenn wir zum Beispiel eine Führungsrolle übernehmen sollen, bekommen wir eventuell starke, attraktive Gesichtszüge, sind charismatisch und großgewachsen. Natürlich ist nicht jede Führungspersönlichkeit groß und gutaussehend, aber es ist wahrscheinlich, dass diejenigen, denen diese Merkmale fehlen, in diesem Leben andere Punkte ihres Karmas abarbeiten. Daher haben sie die Herausforderung akzeptiert, andere zu führen, obwohl sie nur wenige der herkömmlichen Attribute besitzen. Vielleicht ist jemand wie der Physiker Stephen Hawking so auf den Geist fixiert, dass der Körper für ihn weniger wichtig ist. Ich kann mir nicht vorstellen, dass sich jemand aussucht, mit derart starken körperlichen Einschränkungen geboren zu werden, aber er hat den schwerwiegenden physischen Begrenzungen in diesem Leben möglicherweise zugestimmt, weil er wusste, dass er seine Arbeit oder seine Mission trotzdem würde erfüllen können und dabei schweres Karma wie Raketentreibstoff verbrennen. Auf der anderen Seite könnte er sich womöglich nicht vorstellen, mit dem, was er als *meine* Einschränkungen und Grenzen ansieht, geboren zu werden! Wenn wir hier sind, um Bescheidenheit zu lernen, kommen wir möglicherweise mit gewissen Mängeln auf die Welt, die uns Bescheidenheit lehren. Es kann aber auch sein, dass man Extrapunkte erhält, wenn man wie Audrey Hepburn aussieht und trotzdem bescheiden bleibt. Ich weiß nicht genau, wie das funktioniert; ich kenne das Bewertungssystem nicht. Meiner Meinung nach ist es letztendlich so, dass wir nicht unbedingt das bekommen, was wir wollen, sondern das, was wir brauchen.

Wie ist es auf der Anderen Seite?
Ist die Andere Seite wirklich ein Ort?

Nun, das Jenseits ist nicht physisch, daher ist es wohl nicht korrekt, es als »Ort« zu bezeichnen. Es ist eher ein »Zustand« oder eine Verfassung – es ist das *Paradies*. Es ist wie hier, aber es hat ganz andere Eigenschaften. Es ist schwer zu erklären. Versuchen Sie, an das Schlimmste zu denken, das Ihnen ein anderer je angetan hat. Denken Sie daran, wie viel Bitterkeit Sie darüber empfinden und wie Sie diese Person, die Sie so verletzt hat, tief in Ihrem Inneren vielleicht noch hassen. Auf der Anderen Seite wird dieses intensive Gefühl der Verbitterung völlig verschwunden sein. Ich habe das immer wieder von Geistern gehört. Es ist unglaublich: Es existiert dort einfach nicht. Alles ist Vergebung, alles ist Liebe.

Die Andere Seite ist natürlich nicht physisch. Sie besitzt aber viele Eigenschaften, die uns physisch *erscheinen* können. Soweit ich gehört habe, ist alles, was wir hier haben, dort auch vorhanden, nur viel schöner, reiner und kraftvoller. Im Grunde ist es realer als das, was wir als Realität kennen, obwohl wir, wenn wir die physische Welt mit der spirituellen vergleichen, davon ausgehen, dass die physische Welt »wirklicher« ist. Ich habe gehört, dass es dort Pflanzen und Gärten gibt wie hier, nur mit viel intensiveren Farben. Unsere Haustiere laufen frei herum, und wir müssen uns nie mehr Sorgen machen, dass sie von einem Auto überfahren werden könnten. Ich habe es noch nicht selbst gesehen, aber man hat mir erzählt, dass auf der Anderen Seite prächtige Kathedralen aus Kristall und Licht zu finden sind. Ich weiß, dass es dort viele Ebenen gibt, und da wir unsere Persönlichkeit behalten, werden wir natürlich von unterschiedlichen Bereichen angezogen und machen unterschiedliche Erfahrungen.

Als mein Vater das erste Mal zu mir kam, nachdem er hinübergegangen war, fragte ich ihn, womit er sich beschäftige auf der Anderen Seite. Er erzählte mir, er unternehme mit meinem Bruder Harold lange Ausritte in den Bergen. Das bedeutet für mich, dass er Berge sieht und fühlt. Ich zweifle nicht daran, dass *sie* dazu in der Lage sind. Ich weiß nicht, wie sie es können, weil ich Einschränkungen unterliege, aber ich weiß, Gott ist so groß und herrlich, dass es mich nicht überrascht, wenn er den Seelen, die nach Hause gehen, die Belohnung gibt, die sie verdienen.

Gibt es auf der Anderen Seite auch Farben?

Ja, es gibt Farben und sie besitzen große Leuchtkraft. *Sie* sagen mir, auf dieser Seite der Schöpfung gebe es wahre Schönheit, aber sie sei nicht mit dem zu vergleichen, was uns auf der Anderen Seite erwartet. Um zu verstehen, warum das so ist, müssen wir uns ins Bewusstsein rufen, dass der Mensch auf dieser Seite seine Hand im Spiel hat.

Gott hat die Erde erschaffen, und wir zerstören sie. Wir verschmutzen sie. Wir werfen unseren Müll überallhin. Wir machen Wälder dem Erdboden gleich und zerstören fruchtbares Ackerland. Das führt zu Klimaveränderungen, zur Entstehung von Trockengebieten und zu Überschwemmungen. Das Aussterben von Tierarten und andere Konsequenzen unseres Verhaltens machen die ursprüngliche Vollkommenheit zunichte. Wir haben tatsächlich den Himmel auf Erden hier, wenn wir ihn bewahren, aber das können wir nicht. Stellen Sie sich nur einmal vor, wir könnten die Welt so sehen, wie Gott sie erschaffen hat, bevor Menschen alles durcheinandergebracht haben, dann bekommen Sie eine ungefähre Vorstellung von der Herrlichkeit der Anderen Seite. Ich habe jetzt ziemlich weit ausgeholt, aber das musste ich einfach loswerden.

Ist es voll auf der Anderen Seite? Müssen wir Schlange stehen?

Nein, es gibt dort keine Platzprobleme. Es ist das Paradies; dort ist alles perfekt, und es gibt für jeden einen Parkplatz. Jeder hat eine große Wohnung; man muss nicht Schlange stehen im Lebensmittelladen und auch beim Bowlen nicht warten, bis eine Bahn frei ist. Wie könnte es im Paradies anders sein? Keiner muss einem anderen Platz machen – jeder von uns ist reine Energie. Die Andere Seite ist eine Dimension reiner Energie. Platz, wie wir ihn uns vorstellen, ist dort bedeutungslos.

Wohnen die Toten
in alten Häusern?

Dieser alte Mythos ist eigentlich nicht wahr – zumindest nicht so, wie es in Thrillern und Gruselromanen dargestellt wird. Ich weiß, dass manche Seelen eine Verbindung besitzen zu den Orten, die sie lieben, aber ich glaube, das ist eher die Ausnahme. Meistens wollen die Toten bei ihren Lieben sein, wo diese auch sind, und sie hängen sich nicht an ein bestimmtes Haus.

Warum hört man manchmal,
dass es an einem bestimmten Ort spukt?

Manchmal hat eine Seele eine Geschichte zu erzählen. Das kann zum Beispiel an einer historischen Stätte wie einem ehemaligen Schlachtfeld aus dem Bürgerkrieg der Fall sein. Gettysburg ist von den Stätten, die ich besucht habe, wohl die, an der es am meisten »spukt«. Dort halten sich unglaublich viele Geister auf. Dahinter liegen Geschichten von Menschenleben, die vorzeitig beendet wurden. Unsere Geschichtsbücher erzählen nur einen kleinen Teil dessen, was passiert ist. Was die Menschen dort wirklich erlebt haben, werden wir nie verstehen. Manchmal bleiben die Toten an diesen Orten, um ihre Geschichte zu erzählen. In gewisser Weise stecken sie fest. Sie verstehen vielleicht nicht, dass es ihr Karma war, an diesem Punkt zu sterben, und haben womöglich das Gefühl, dass sie daran gehindert wurden, ihre Lebensaufgabe zu erfüllen. Denken Sie einmal darüber nach, wie wir reagieren, wenn wir daran gehindert werden, etwas zu tun, das uns viel bedeutet: Wir sind völlig frustriert. Manchmal haben wir das Gefühl, es war nicht unsere Schuld, und finden immer neue Entschuldigungen und erzählen es jedem, damit die anderen wissen, dass es nicht unsere Schuld war. Wenn sie die Entscheidung treffen könnten hinüberzugehen, würde diesen Seelen bei ihrer Ankunft auf der Anderen Seite alles erklärt werden, und sie würden dazu ermutigt, Gottes Liebe anzunehmen. Doch wenn sie nicht hinübergehen, wo sie den Rückblick auf ihr Leben erhalten und alles in einen Zusammenhang gestellt wird, dann verstehen sie es nicht. Dann sind sie wirklich verlorene Seelen. Das kommt nicht oft vor. Wäre es jedes Mal so, wenn jemand umgebracht wird, dann würde uns eine dicke Schicht leidvoller Energie umgeben. Doch wenn die Geschichte, die sie zu erzählen haben, wichtig ist, gehen manche Seelen weiter, andere hingegen bleiben. Sie alle verzeihen in dem Moment, in dem sie in das Licht gehen. Im Licht gibt es keinen Raum für etwas anderes als Vergebung und Liebe.

Befinden sich Seelen, die »feststecken«, in der Schwebe zwischen Himmel und Erde? Wie kann eine Seele sich aus diesem Zustand befreien?

Soweit ich verstehe, ist das Feststecken zwischen Himmel und Erde ein Zustand der Frustration aufgrund mangelnden Verstehens. Eine Seele versteht nicht, was sie falsch gemacht hat, und kann nicht weitergehen. Sie kann nicht auf die nächste Ebene ihrer spirituellen Entwicklung gelangen.

Um dieser Schwebe zu entgehen, muss die Seele bereit sein, dem spirituellen Meister oder Führer zuzuhören und ihm zu folgen wie einem pädagogischen Berater. Ich möchte das an einem Beispiel verdeutlichen: Ein Junge will sich in der Schule einen Spaß machen und alle Schüler aus dem Schulgebäude schicken, deshalb löst er den Feueralarm aus. Man meldet den Jungen, und er fliegt von der Schule. Er fand die Idee witzig und dachte sich nichts dabei. Er versteht nicht, warum er Ärger hat. Der Schulpädagoge erklärt ihm anhand eines Beispiels, warum sein Verhalten unrecht war. Nun versteht der Junge. Er sieht ein und erkennt, dass das, was er getan hat, falsch war, auch wenn er nichts Böses im Sinn hatte. Er kann sich entschuldigen und wieder in seine Klasse aufgenommen werden. Wenn er, ohne seinen Fehler einzusehen, wieder in die Klasse zurückkehrt, stellt er vielleicht dasselbe noch einmal an oder gar etwas Schlimmeres. Durch die Einsicht ist er jedoch in der Lage, sich weiterzuentwickeln. Genauso ist es mit der spirituellen Entwicklung.

Wir können nicht auf die nächste Ebene gelangen, ohne die Ebene zu verstehen, auf der wir uns befinden. Wenn wir das erreicht haben, bekommen wir eine neue Chance, einen neuen irdischen Auftrag, dem wir mit einer besseren inneren Einstellung entgegengehen können.

Ist es schwierig für Sie, historische Stätten zu besuchen?

Obwohl es für mich immer eine sehr ergreifende Erfahrung ist, besuche ich solche Orte gern und höre mir die Geschichten an, die dort erzählt werden. In Alamo zu sein war für mich sehr bewegend, obwohl ich dort nur einen Rundgang über das staubige Gelände des Forts gemacht habe. Man kann die Pferde und Männer spüren und das Blut förmlich riechen und schmecken. Ich denke nicht, dass man dazu übersinnliche Fähigkeiten braucht – es drängt sich geradezu auf. Als ich das Anne-Frank-Haus in Amsterdam besuchte, umgaben den Ort so viele Seelen, dass ich völlig überwältigt war. Ich konnte die Seelen in der ganzen Altstadt spüren. Amsterdam ist eine Stadt von atemberaubender Schönheit. In den Straßen, an den Grachten, sogar in den Steinen der Gebäude schwingt die Geschichte noch weiter, die hier gelebt wurde. Man kann die Energie fühlen. Die Stadt ist sehr schön, doch es gelingt mir und sicher auch anderen Menschen nicht, der Energie der vielen Seelen, die sich hier noch aufhalten, zu entkommen – den Seelen der Unschuldigen und der Bösen, der Opfer und der Mörder. Wenn ich eine Sitzung halte, lasse ich meine Gefühle beiseite und bin emotional unbeteiligt. Doch an eine historische Stätte zu gehen ist eine völlig andere Erfahrung für mich. Es berührt mich zutiefst. Im Anne-Frank-Haus habe ich die ganze Zeit geweint. Eine Frau fragte mich: »Ist alles okay mit Ihnen? Haben Sie damals Ihre Familie verloren?« Das ist wahrscheinlich die Schattenseite, wenn man ein Medium ist: die extreme Sensibilität für andere Menschen und ihr Schicksal. Ich fühle einfach sehr stark mit. Doch das geht nicht nur mir so. Viele werden angezogen von solchen Orten. Unsere Seele sucht die Verbindung zu diesen Geschichten.

Sie werden sich fragen, ob Anne Frank mit mir Kontakt aufgenommen hat, als ich in diesem Haus war. Ich muss Ihnen sagen: Nein, sie ist nicht dort. Der Geist, der Anne Frank war, ist ein Meister und würde nicht feststecken und an einem Ort verweilen. Sie hatte in diesem Leben eine Mission und eine Aufgabe zu erfüllen, und das ist ihr gelungen. Ihr Leben war kurz, aber was sie erreicht hat, ist so kraftvoll, dass es bis heute nachschwingt. Sie ist weitergegangen.

Enthalten alle Orte, an denen je Menschen gelebt haben, deren Schwingungen?

Alles, was wir berührt haben, behält etwas von unserer Energie. Alte Dinge und alte Orte enthalten natürlich mehr davon. Mit »alten Orten« meine ich Orte, an denen sich Menschen lange Zeit aufgehalten oder an denen Ereignisse hoher Intensität stattgefunden haben, an denen starke Gefühle – Freude, Ehrfurcht, Trauer, Schrecken – gefühlt wurden. Man kann, was die Energie angeht, einen deutlichen Unterschied feststellen zwischen einem alten Haus und einem Neubau in einer Vorstadtsiedlung. Der Neubau hat keine emotionale Patina und viel weniger Energie als ein Ort, den es schon jahrelang gibt und in dem Geschichte stattgefunden hat. Auch alte Gegenstände, besonders solche, die häufig in Gebrauch waren, besitzen diese Energie. Getragene Kleidung hat sie ebenfalls. Judy Garlands rubinfarbenen Pantoffeln sind nun im Smithsonian Institute (Forschungs- und Bildungseinrichtung mit Museen in Washington, D. C.) ausgestellt. Stellen Sie sich nur vor, Sie könnten sie aus der Vitrine nehmen und anfassen oder sogar hineinschlüpfen! Wenn ich Schuhgröße 36 hätte, würde ich das sofort tun!

Können die Toten miteinander sprechen?

Ja, definitiv können sie das. Sprechen ist eigentlich nicht der richtige Ausdruck, denn Sprache gibt es dort nicht. Sie kommunizieren telepathisch über Gedanken. Gedanken sind universal. Wenn Sie denken: »Ich bin hungrig«, dann ist dieser Gedanke derselbe, unabhängig davon, welche Sprache Sie sprechen. Die Geister unterhalten sich dort drüben über »Himmels-Chat«.

Kennt dort jeder jeden?
Kommunizieren wir mit Geistern,
die wir auf Erden nicht gekannt haben?

Aber natürlich. Sie dürfen nicht vergessen, dass wir auf der Anderen Seite möglicherweise Großeltern oder andere Vorfahren haben, die wir auf Erden nicht kennengelernt haben, weil sie hinübergegangen sind, bevor wir geboren wurden. Deshalb kennen wir sie nur auf geistiger Ebene, und nun treffen wir sie als Geistwesen wieder. Dort gibt es auch Seelen, zu denen wir keine familiäre oder freundschaftliche Beziehung besitzen, doch sogar diese werden wir intuitiv »erkennen«. Wir werden mit ihnen von Mensch zu Mensch umgehen und kommunizieren (wenn auch in geistiger Form). Am besten kann ich es so erklären: Stellen Sie sich vor, Außerirdische kämen zu uns und besiedelten die Erde. Wir wären in der Lage, andere menschliche Wesen von den Außerirdischen zu unterscheiden und als Erdenbewohner zu erkennen und sie entsprechend zu behandeln. Auch wenn wir einen anderen Menschen nicht persönlich kennen, sehen wir ihn als »einen von uns« an und wenn wir jemanden nach dem Weg fragen wollten, würden wir uns wahrscheinlich eher an einen Erdenbürger wenden als an ein Alien. Dabei wäre uns einfach wohler. Auf der Anderen Seite ist jeder »einer von uns«.

Behalten
die Toten
ihre fünf Sinne?

Nein. Unsere fünf Sinne gehören zum Körper, und die Toten bestehen ja aus Geist. Sie können nicht riechen oder schmecken. Aber sie essen auch nichts mehr, deshalb ist das kein Verlust. Es spielt keine große Rolle. Sie selbst können nichts ertasten, aber sie können uns berühren. Das ist nicht wie eine physische Berührung, zum Beispiel mit dem Finger. Es ist Energie, deshalb fühlt es sich an wie ein leichter elektrischer Schlag. Es ist nicht stark genug, um einem weh zu tun, aber ausreichend, um einen zu erschrecken.

Wie bewegen sich
die Toten fort?

Sie sind im Handumdrehen an einem anderen Ort. Es dauert nicht länger als ein Gedanke. Das Fortbewegungsmittel ist ein Gedanke. Sie denken einfach an einen anderen Ort oder eine andere Person und sind auch schon da – genau da, wohin sie wollten. Das ist die übersinnliche Autobahn!

Sind die Toten immer bei uns –
auch im Urlaub?

Absolut, genauso wie die Luft immer um uns ist. Wenn Sie in einen Bus steigen, sind *sie* dabei. Wenn Sie fliegen, sind *sie* dabei – erster Klasse und ohne für ihr Ticket zu bezahlen.

Bei einer meiner großen Shows war eine Frau anwesend, die ihren Vater suchte. Er nahm sofort Verbindung auf, und ich fragte sie, ob sie vorhabe, in Urlaub zu fahren. Sie wusste nicht genau, wovon ich sprach, deshalb sagte ich: »Fliegen Sie bald nach Hawaii? Ihr Vater teilt mir mit, er freue sich sehr darauf, mit Ihnen nach Hawaii zu gehen.« In Wirklichkeit zeigte er mir eine Blumenkette und das symbolisierte für mich Hawaii. Deshalb fragte ich sie: »Gehen Sie nach Hawaii?« Wenn ich eine Sitzung halte, versuche ich, Puzzleteile zusammenzufügen, damit die Person, mit der ich spreche, versteht, worum es geht. Das ist eher eine künstlerische als eine wissenschaftliche Tätigkeit. Wenn ich zum Beispiel eine Palme am Strand sehe, denke ich an Florida. Es könnten aber auch die Bahamas sein; ich weiß es nicht genau. Oder wenn ich einen Ausschnitt aus dem Lied *Blue Hawaii* höre, denke ich, es könnte etwas damit zu tun haben, dass die Person nach Hawaii geht. Vielleicht mag sie aber auch nur Elvis! Als ich die Frau fragte, ob sie vorhabe, nach Hawaii zu fliegen, sagte sie, ihr Sohn lebe dort und sie besuchten ihn regelmäßig und, ja, sie gehe bald wieder dorthin, aber es sei eigentlich kein Urlaub, deshalb habe sie zuerst nicht gewusst, wovon ich sprach. Ich hatte versucht, die Puzzleteile zusammenzufügen, und dabei angenommen, dass es sich um einen Urlaub handelte. Ob nun ein Urlaub oder ein normaler Besuch – ich wollte damit sagen, dass ihr Vater auf jeden Fall mitkäme.

Als ich ihr mitteilte, dass ihr Vater sich auf die Reise freue, sah ich, dass ihr Mann einen gequälten, entsetzten Gesichtsausdruck bekam, als wolle er sagen: »Na klasse, dein Papa kommt auch mit!« Er dachte wahrscheinlich: »Heißt das, dein Vater sieht, was wir hinter verschlossenen Türen machen? *Unglaublich* romantisch.« Doch ich habe diese Frage ja schon beantwortet. Vielleicht hat er auch gedacht: »Warum kann er nicht deine Schwester in Baltimore besuchen und uns für eine Weile unsere Privatsphäre lassen?« Die Sache ist die: Selbst wenn die Frau eine Schwester in Baltimore hätte, müsste sich ihr Vater nicht entscheiden, bei wem er sich aufhalten will. Er könnte bei beiden sein. Gott ist immer überall. Solange wir hier sind, sind wir ein Teil Gottes, doch wenn wir auf die Andere Seite zurückkehren, sind wir eins mit Gott. Dann sind wir Energie. Auf Hawaii, in Baltimore, in New Jersey oder am Nordpol – wir sind überall gleichzeitig.

Können die Toten in der Zeit zurückreisen?

Ich habe beispielsweise Seelen aus dem 19. Jahrhundert getroffen, aber sie sind nicht in der Zeit zurückgereist. Das war einfach die Zeit, als sie das letzte Mal auf der Erde waren. Wenn Sie im Licht Gottes sind und das Paradies für Sie darin besteht, in einer römischen Stadt zu sein, dann haben Sie die Möglichkeit, nach Rom zu gehen und wie die Römer zu leben. Man kann sich auch in ein anderes Jahrhundert versetzen lassen, wenn man das vorzieht.

Können Tote in die Zukunft reisen?

Ich weiß, dass *sie* über Dinge, die in der Zukunft geschehen, sofern diese mit unserem Schicksal zu tun haben, Bescheid wissen. Sie haben mir auch einiges darüber erzählt, so zum Beispiel über technische Entwicklungen, die es geben wird. Doch können sie wirklich in die Zukunft gehen? Nein, sie reisen nicht voraus, aber sie haben allumfassende Informationen, die sich auch auf die Zukunft beziehen.

Was tragen die Toten?

Nichts. Das wäre, als versuchte man, dem Unsichtbaren Kleider anzuziehen. Es geht nicht. Manchmal erscheinen die Geister mir in Kleidern, damit sie erkennbar sind für die Person, die eine Sitzung erhält. Es kommt häufig vor, dass ich eine Art Uniform gezeigt bekomme, zum Beispiel Arbeitskleidung oder eine Armeeuniform, oder ich *höre* (ich sehe es nicht wirklich), dass sich jemand gern modisch kleidete. Doch die meiste Zeit tragen sie noch nicht einmal Unterwäsche. Sie sind eine Energieform. Sie sind wie Schatten. Und Schatten mögen es nun einmal nicht, wenn man sie mit Handtaschen von Prada oder Louis Vuitton belädt. Daran kann jeder erkennen, dass *ich* noch nicht tot bin. Ich habe noch nie ein Accessoire gesehen, das mir nicht gefällt! Lasst es funkeln! Her mit den Klunkern, den Ketten, Armreifen und Ringen – ach, und wenn wir schon dabei sind, die Sonnenbrille von Chanel brauche ich auch noch! Und dann helfen Sie mir bitte, die Kreditkartenbelege vor meinem Mann zu verstecken.

Kommt es vor, dass die Toten versuchen, Sie in Modefragen zu beraten?

Nein, das überlassen sie John! So gerne ich mich in Schale werfe und auffallenden Schmuck trage – eigentlich ist John bei uns in der Familie der Fachmann und die letzte Instanz, was Modefragen angeht. Er legt großen Wert auf seine äußere Erscheinung und wenn wir einkaufen gehen, brauche ich ihn gar nicht erst zu bitten, eine Tüte von irgendeinem Kaufhaus für mich zu tragen!

Ich erinnere mich noch an die Zeit, als ich gerade erst begonnen hatte, meine Arbeit publik zu machen, und ich gebeten wurde, zu einer privaten Halloween-Party zu kommen. John bot mir an, mich dorthin zu fahren. Ich dachte, es wäre schön, ihn dabeizuhaben, weil ich ein wenig unsicher war. Ich meinte, er wäre eine gute moralische Unterstützung. Doch sobald ich ins Auto stieg, schaute John zu mir herüber und beäugte misstrauisch mein Sweatshirt. Es war schwarz mit einem großen orangefarbenen Kürbis auf der Vorderseite. (An meinen Ohren baumelten niedliche Gespensterohrringe, die ich eigens für diesen Anlass erstanden hatte.) Er sagte: »Willst du *so* dorthin?« Ich hörte an seinem Tonfall, dass er nicht begeistert war. Er meinte, ein Kürbispullover sei keine angemessene Kleidung für eine professionelle Parapsychologin. Ich war etwas beleidigt und erwiderte: »Was schlägst du vor, John? Findest du, ich sollte einen Turban tragen? Wie wäre es mit ein paar Perlen oder einem Medaillon? Habe ich meine Kristallkugel vergessen?« Er gab dann auf.

Als wir zur Party kamen, stellte ich fest, dass ich nicht die einzige Parapsychologin auf der Veranstaltung war. Es waren zwei gebucht worden und als ich die andere sah, hätte ich fast laut gelacht. John wäre von ihr begeistert gewesen. Sie hatte alle Insignien: Turban, Medaillon und Kristallkugel.

Erscheinen die Toten in Farbe?

Mir nicht. Ich sehe normalerweise weder Farbe noch Größe noch Form. Nur in seltenen Fällen zeigen sie mir ein Bild, wenn sie mir einen Hinweis auf ihre Identität geben wollen, damit ich ihn an die Person, für die ich die Sitzung halte, weiterleiten kann. Doch selbst dieses Bild ist eher verschwommen.

Haben die Toten
Gefühle?

Sie wissen ungefähr, was wir im Moment fühlen. Sie empfinden überströmende Freude und vollständige Vergebung. Es gibt auf der Anderen Seite keinen Raum für Ärger, Trauer oder Angst. Ich stelle mir vor, dass es so
ähnlich ist, wie wenn etwas so Erstaunliches geschieht,
dass man vor lauter Glück alles vergisst, was einen gestört
hat. Man befindet sich jenseits aller Negativität. Die
Schwiegermutter regt einen nicht mehr auf. Auch der
Chef kann einen nicht aus der Ruhe bringen. Man ist
einfach zu glücklich dafür. Dieses Maß an Glück und
Freude empfinden *sie* die ganze Zeit. Sie sitzen nicht herum und denken: »Ach, ist die nervig!« Oder: »Oh mein
Gott, ich kann ihn einfach nicht ausstehen!« Sie haben
für so etwas keine Zeit. Sie lassen Ärger und Wut nicht
zu. Sie entscheiden sich für Freude, Liebe und Vergebung – auch gegenüber Schwiegermüttern (so habe ich
zumindest gehört).

Haben die Toten auch
Depressionen?

Eigentlich nicht. Aber ich denke schon, dass man auch
auf der Anderen Seite seelischen Kummer haben kann,
zumindest wenn man gerade erst angekommen ist. Der

kann dadurch entstehen, dass man erkennt, dass man eine Chance hatte, die man vermasselt hat. Andere Seelen versuchen dann, dieser Seele zu helfen, darüber hinwegzukommen. Jemand, der auf dieser Seite Alkoholiker war und sein eigenes Leben und das seiner Mitmenschen ruiniert hat, wird seine Fehler erkennen, wenn er hinübergeht. Dann wird er womöglich vollkommen erschüttert darüber sein, wie er sein Leben gelebt hat. Er sieht all seine Fehler und das Leid, das er verursacht hat, und es wird eine Weile dauern, bis er darüber hinwegkommt.

Bei einer meiner großen Shows hielt ich eine Sitzung für eine Frau, die wissen wollte, ob ihr früherer Ehemann überhaupt auf der Anderen Seite angekommen war. Sie vermutete offenbar, er sei an einen »anderen« Ort verbannt worden. Er nahm tatsächlich Verbindung auf – sie war ziemlich überrascht, als ich ihr sagte, dass er wirklich dort sei –, und er entschuldigte sich tausendmal und gab zu, dass sie recht gehabt hätte. Ich wusste nicht, wovon er sprach (sie offenbar schon). Ich hatte das Gefühl, dass er vielleicht einem schlechten Rat von jemandem, dem er vertraut hatte, gefolgt war. Es handelte sich anscheinend um eine Familienangelegenheit. Ich gewann den Eindruck, er hatte sie sehr schlecht behandelt und ihr die Hölle auf Erden bereitet. Da drüben erkannte er sein Fehlverhalten und ließ sie wissen, wie leid es ihm tat.

Warten unsere Haustiere
auf der Anderen Seite auf uns?

Natürlich! Tiere sind ein Geschenk Gottes. Sie trösten uns, erfreuen uns und sind für uns da. Ich meine es ernst, wenn ich sage, unsere Haustiere schenken uns bedingungslose Liebe oder das, was ihr auf dieser Seite am nächsten kommt. Wir müssen sie respektvoll behandeln und dürfen es nicht als selbstverständlich betrachten, dass sie bei uns sind. Man kann Verbindung zu ihnen aufnehmen, genauso wie zu Menschen, die hinübergegangen sind. Wenn ich eine Sitzung halte, geschieht es häufig, dass mich jemand von der Anderen Seite bittet, meinem Klienten zu sagen: »Ihr Hund ist hier.«

Manchmal wartet ein Haustier nicht einmal, bis Sie selbst hinübergehen, sondern kommt zurück und besucht Sie hier im Diesseits. Ich habe zahlreiche Geschichten gehört von Haustieren, die als Geist erschienen sind oder die man bellen hörte oder sogar fühlen konnte. Eines Nachts, als meine Freundin Ginger und ihre Partnerin Wendy schliefen, wachte Ginger plötzlich auf und hatte das Gefühl, dass ihr Hund Nino Guiseppe auf ihr herumhüpfte und ihr Gesicht ableckte – so wie er es getan hatte, als er noch ein Hundebaby war. Sie wusste, dass das, logisch betrachtet, nicht sein konnte, deshalb sagte sie am nächsten Morgen zu Wendy: »Ich habe vergangene Nacht geträumt, dass Nino bei uns im Bett war und herumsprang und mein Gesicht ableckte«, und Wendy erwiderte: »Ich glaube nicht, dass du geträumt hast; ich habe ihn nämlich auch gespürt!«

Sind Haustiere die einzigen Tiere, die auf die Andere Seite gehen, oder gehen alle Tierseelen dorthin?

Darüber weiß ich nicht genau Bescheid. Ich bin mir nicht sicher, was da geschieht. Jedes lebendige Geschöpf ist Energie Gottes, die Gott erschaffen hat und die zu Gott zurückkehrt. Wie sie zurückkehrt und wohin, kann ich nicht genau sagen. Ein wildlebender Truthahn oder Fuchs, der stirbt, geht zurück in das Licht, in das Universum, das Gott ist. Ich weiß nicht, in welcher Form das geschieht. Geht er als Fuchs zurück? Ich bin mir nicht sicher, aber ich weiß genau, er kehrt zurück.

Gibt es unter den Toten auf der Anderen Seite auch Geister von anderen Planeten?

Dazu kann ich nichts sagen. Das Universum ist riesengroß, und es würde mich nicht sonderlich überraschen, wenn es so wäre, aber ich weiß es einfach nicht. Ich weiß nur etwas über die Seelen, zu denen ich Zugang habe, und ich habe nur Zugang zu denen, die in Verbindung stehen mit dem Menschen, für den ich die Sitzung halte. Ich berühre die Person und bitte sie um Erlaubnis zuzuhören und frage sie, mit wem sie Kontakt aufnehmen möchte. Soweit ich weiß, habe ich noch nie eine Sitzung für einen

Außerirdischen gehalten, daher war ich noch nie in Kontakt mit dem Geist eines Außerirdischen auf der Anderen Seite. Man weiß aber nie, wer als Nächstes einen Termin bei mir bucht – ich werde berichten.

Können wir auf der Anderen Seite mit Tieren genauso kommunizieren wie hier mit Menschen?

Wir können schon im Diesseits eine tiefe Verbindung zu Tieren haben und uns mit ihnen unterhalten, besonders mit unseren Haustieren. Sie beschützen uns wie unsere Schutzengel. Mein Freund Craig erzählte mir, sein Jack-Russell-Terrier Earl habe ihm das Leben gerettet. Craig arbeitete draußen im Hof und sah nicht, dass eine Giftschlange direkt vor ihm lag. Er war völlig in seine Arbeit vertieft und bewegte sich direkt auf die Schlange zu. Earl warf sich zwischen Craig und die Schlange und wurde von ihr gebissen. Glücklicherweise konnte er gerettet werden. Der Hund hatte völlig selbstlos gehandelt. Es war ihm klar, dass die Schlange Craig oder ihn beißen würde, und er sorgte dafür, dass er es sein würde.

Ich glaube, auf der Anderen Seite können wir noch besser mit Tieren kommunizieren, aber ich denke, es wird eine sehr einfache Form der Kommunikation sein. Sie findet sicherlich über Telepathie statt – genauso wie wir dort mit anderen menschlichen Seelen kommunizieren. Wahrscheinlich ist es nur möglich, einfachere Ideen mitzuteilen, keine komplizierten Zusammenhänge. Ich glaube nicht, dass man plötzlich mit seinem Irischen Setter ein philosophisches Gespräch führen kann, aber vielleicht funktioniert es ja mit Ihrer Siamkatze.

Stimmt es, dass Katzen übersinnliche Fähigkeiten besitzen und die Toten sehen können? Falls ja, sind sie die einzigen Tiere mit dieser Fähigkeit oder können alle Tiere Geister sehen?

Katzen sind nicht die einzigen. Alle Tiere haben einen sechsten Sinn. Als der Freund einer Freundin starb, konnte ihr Hund ihn nach seinem Tod noch sehen. Es kam immer wieder vor, dass sie den Hund bellen hörte, ins Schlafzimmer ging und feststellte, dass es dort intensiv nach Zigarrenrauch roch. Ihr Freund hatte Zigarren geraucht, deshalb wusste sie, dass er es war, aber ihr Hund bemerkte ihn immer zuerst.

Gehen die Toten zu Fußballspielen?

Na klar. Aber sie schauen anders zu als wir. Sie sehen zu, wenn einer ihrer Lieben Fußball spielt. Oder sie sehen einem ihrer Lieben zu, wie er sich ein Spiel ansieht. Sie schauen zu, weil wir zu ihnen gehören. Ich glaube, es interessiert sie nicht, wer gewinnt oder verliert.

Gehen die Toten in Bars?

Gott hat viele Dimensionen, aber ich glaube wirklich nicht, dass Bars dazugehören – obwohl es in einer Bar viele »Spirituosen« gibt. Die Toten trinken nicht, daher glaube ich nicht, dass auf der Anderen Seite Kneipentouren stattfinden. Cocktails wie Caipirinha oder *Sex on the Beach* würden ihnen nichts mehr bedeuten.

Hören die Toten Musik?

Nun, es gibt eine *Hall of Records* auf der Anderen Seite, aber das ist nicht das, was man vermuten könnte. Es ist keine große CD-Sammlung, und dort sieht man auch keine Engel jammen oder hip-hoppen. Aber es gibt ganz sicher Musik dort. Die Andere Seite ist eigentlich die Quelle aller Musik. *Sie* senden die Musik zu bestimmten Menschen auf dieser Seite, die wir Komponisten nennen – im Grunde genommen sind sie nur der Kanal, der sie empfängt. Das ist eine Art »Channeling«. Wie das genau funktioniert, kann ich nicht erklären. Die Musik kommt offensichtlich von Gott. Sie stammt nicht von einer bestimmten Seele auf der Anderen Seite und auch nicht von einer Seele auf dieser Seite. Ich kenne allerdings nicht den genauen Ablauf. Ob Sie es glauben oder nicht, jede Musik ist zur Heilung da. Wie kann ich das verdeutlichen? Vielleicht hassen Sie Opern, Rap oder Reggae. Vielleicht verziehen Sie das Gesicht bei Jazz, Tangomusik oder Rock and Roll. Klassische Musik lässt Sie unter Umständen völlig kalt, und bei Discomusik kommt Ihnen alles hoch. Doch jede Seele schwingt mit einer anderen Frequenz. Wir haben nicht alle die gleiche Wellenlänge, und bei Musik hat jeder einen anderen Geschmack. Was den einen in den Wahnsinn treibt, ist Musik in den Ohren und Heilung für den Geist eines anderen. Musik kann uns beruhigen und Kraft geben, und wir müssen sie nicht einmal in eine andere Sprache übersetzen – sie ist universal und wird auf der ganzen Welt verstanden. Sie besitzt magische Heilkraft, und die gesamte Musik wird uns von dort drüben geschenkt. Mozart war noch ein Kind, als er zu komponieren begann. Beethoven war blind und taub und schrieb noch immer Musik, die Jahrhunderte überdauerte. Sie empfingen ihre Kompositionen von Gott. Auf die gleiche Weise ist jede andere Musik der Musiker auf der ganzen Welt »gechannelt«.

Haben die Toten Terminpläne?

Nein. Dieses Wort *existiert* auf der Anderen Seite überhaupt nicht. Wenn ich eine Sitzung halte und eine Seele auf der Anderen Seite ein Ereignis vorhersagt, fragen

meine Klienten immer: »Wann wird das geschehen?«
Nun, manchmal bekomme ich eine Zahl übermittelt. Sie
sagen mir zum Beispiel, ich solle die Zahl 2 zeigen. Ich
weiß dann nicht, ob das zwei Stunden, zwei Tage, zwei
Wochen, zwei Monate oder zwei Jahre bedeutet. Ich kann
hin und wieder etwas mehr Informationen bekommen
und dem Klienten dann sagen, dass sie wahrscheinlich
zwei Wochen meinen. Doch das ist eine sehr ungenaue
Methode.

Manchmal erwähnen sie einen Geburtstag, aber es ist
nicht klar, ob der Geburtstag, um den es geht, schon vorbei ist oder noch bevorsteht. Das ist dann oft ein Rate-
spiel, bei dem der Klient bestätigen muss, ob ich richtig
liege – ich weiß es wirklich nicht!

Die Toten haben Aufgaben, aber sie müssen ihre Arbeits-
zeit nicht über eine Stechuhr erfassen. Sie haben keine
Termine, aber oft wissen sie, dass für ein Familienmitglied
ein großes Ereignis bevorsteht, zum Beispiel eine Ab-
schlussfeier, eine Hochzeit oder ein Familientreffen.
Dann bitten sie mich, meinen Klienten zu übermitteln:
»Ich werde da sein!«

Halten sich die Toten an Regeln?

Ja, das tun wir doch alle. Aber natürlich brechen sie sie
auch! Nun mal im Ernst: Ich bin mir sicher, dass Gott ein
paar Regeln aufgestellt hat, aber ich weiß auch genau,
dass es einfache Regeln sind.

Wissen wir,
wann wir sterben müssen?

Ja, wir alle wissen das im Grunde unserer Seele. Die meiste Zeit haben wir jedoch keinen Zugang zu dem, was wir wissen, oder es ist uns nicht bewusst. Trotzdem verhalten wir uns entsprechend, so dass man hinterher vielleicht sagt: »Mensch, er hatte es immer so eilig. Er muss es gewusst haben.« Unser Bewusstsein hat drei Ebenen. Auf der ersten sind wir uns der Information bewusst, die wir über unsere fünf Sinne erhalten. Die nächste Ebene ist der Sitz unserer Selbstbeobachtung und unserer Erinnerungen. Außerdem besitzen wir ein Überbewusstsein; das ist das »Wissen« von unserer Verbindung zu Gott und allem, was damit zusammenhängt. Auf dieser dritten Ebene wissen wir, wie lange unsere Spanne auf der Erde sein wird. Wie gesagt, normalerweise konzentrieren wir uns nicht auf diese Ebene, doch bei manchen Menschen sickert das Wissen durch.

Einmal kamen zwei Schwestern zu mir und erzählten, dass ihr Bruder, wenn er darüber sprach, was er in seinem Leben noch vorhatte, bei verschiedenen Gelegenheiten immer wieder sagte: »Wenn ich es wenigstens schaffe, dreißig Jahre alt zu werden ...« Das machte seine Schwestern richtig traurig. Sie hassten es, wenn er so redete, als ob er vielleicht nicht einmal dreißig Jahre alt werden würde. Sie schimpften immer mit ihm: »Sag doch so etwas nicht!«

Als er 28 war, traf er eine junge Frau, in die er sich verliebte, und sie verlobten sich. Sie beschlossen, auf der Insel Antigua zu heiraten, und wählten seinen 29. Geburtstag als Hochzeitstermin aus. Kurz nach der Hochzeit ging das frischverheiratete Paar im Meer schwimmen. Plötzlich wurde es stockdunkel, und ein Sturm kam auf. Sie schwammen auf das Ufer zu, aber die See war aufgewühlt, und es gab eine starke Strömung. Er drehte sich zu seiner Frau und sagte: »Ich schaffe es nicht.« Sie sagte: »Natürlich schaffst du es! Los, komm schon!« Doch er ertrank. Er hatte mehr als einen Grund, am Leben zu bleiben. Er war nicht unglücklich. Er beging keinen Selbstmord. Er *wusste* einfach, dass seine Stunde gekommen war.

Bei einer meiner großen Shows in Verona, New Jersey, war eine ältere Dame anwesend, die Kontakt zu ihrem Mann Mike aufnehmen wollte. Dieser Fall lag ganz anders. Ihre Töchter waren bei ihr im Publikum. Mike meldete sich, und um sich seiner Familie zu erkennen zu geben, erzählte er mir über seine Projekte, von denen er die meisten nicht abgeschlossen hatte, und von dem ganzen Gerümpel, das er hinter dem Haus gesammelt hatte, um »irgendwann einmal« etwas damit zu bauen. Er zeigte mir das Bild seines Hofs, der in verschiedene Bereiche eingeteilt und mit Schrott, Betonklötzen und altem Krempel vollgestopft war. Er hatte wirklich Humor und lachte über sich selbst. Seine Töchter lächelten und nickten, als wollten sie sagen: »Genau, das ist unser Paps.« Doch dann hatte Mike eine wichtige Mitteilung zu machen. Er bat seine Frau, sie solle aufhören, ihn zu drängen, dass er kommt und sie zu sich holt. Mike sagte, ihre Zeit sei noch nicht gekommen und sie müsse noch bleiben; sie werde noch gebraucht in der Familie. Sie nickte – ich sah, dass es ihr schwerfiel –, und die Tränen liefen ihr übers Gesicht. Mike versprach ihr durch mich, dass er sie, wenn ihre Zeit wirklich gekommen sei, abholen werde, und er versicherte ihr, dass sie nicht leiden müsse. Sie war mehr als bereit zu gehen, aber ihre Zeit war noch nicht gekommen. Obwohl sie gehen wollte, hatte ich den Eindruck, sie wusste, was er meinte, und verstand es.

Sind die Toten traurig, wenn wir sie nie auf dem Friedhof besuchen?

Nein, weil sie nicht dort sind. Der Friedhof ist nur für die Hinterbliebenen, damit sie einen Ort haben, den sie mit ihren lieben Verstorbenen in Verbindung bringen können. Sie hören unsere Gedanken, wenn wir dort sind, aber sie hören unsere Gedanken überall, wo wir uns aufhalten. Das Lustige ist, dass sie möglicherweise bei uns im Auto sind, wenn wir zum Friedhof fahren. Es ist wirklich nicht nötig, neben dem Grabstein zu sitzen, um mit einem Geist zu sprechen, der hinübergegangen ist. Eigentlich wollen wir mit den Blumen und Geschenken, die wir auf das Grab legen, trauernde Freunde und Familienmitglieder trösten. Wir schmücken die Gräber damit, weil wir so unsere Liebe zeigen wollen. Wahrscheinlich würden unsere Verstorbenen sagen: »Gib lieber nicht so viel Geld für Blumen aus, mein Schatz.«

Vermissen uns die Seelen, die hinübergegangen sind, genauso, wie wir sie vermissen?

Ich glaube nicht, weil sie hier bei uns sind. Stellen Sie sich vor, Sie hätten Verwandte, die in einem anderen amerikanischen Bundesstaat leben. Sie selbst wohnen zum Beispiel in New Jersey und die Verwandten in Florida, deshalb können Sie sie nicht so oft sehen. Vielleicht vermissen Sie sie, aber Sie trauern nicht deswegen. Stellen Sie sich einfach vor, Sie könnten Ihren Körper verlassen und, nur indem Sie daran denken, bei Ihren Verwandten am Pool liegen oder mit ihnen in einem schönen, klimatisierten Einkaufszentrum flanieren. Die Verwandten könnten Sie nicht sehen oder hören, aber Sie könnten sie sehen und hören. Im Allgemeinen ist die Fähigkeit, seinen Lieben nahe zu sein, wohl ziemlich befriedigend für die Seelen, die schon hinübergegangen sind. Ich glaube, sie empfinden höchstens eine gewisse Trauer, wenn sie etwas nicht zu Ende bringen konnten oder wenn es etwas gibt, das sie noch sagen wollten. Doch da sie sich in einem Raum befinden, in dem es nur Frieden und Vergebung gibt, empfinden sie sicher nicht wie wir.

Wollen die Seelen unserer lieben Toten zu uns zurückkehren? Tut es ihnen leid, dass sie gegangen sind?

Mir hat bisher noch keine Seele erzählt, es tue ihr leid, dass sie gegangen ist. Es kann schon sein, dass jemand nicht gerade glücklich ist über die Art und Weise, wie er gegangen ist, aber das ist eine andere Frage. Sie wollen nicht, dass ihre Hinterbliebenen bestürzt sind und so tief um sie trauern. Wenn sie der Grund dafür waren, dass es jemandem schlecht ging oder dass er sich schuldig fühlte, dann tut ihnen das leid.

Wir müssen uns klarmachen, dass wir nicht von dieser physischen Welt kommen. Wir gehören zum größeren Universum, zu Gott. Wir sind hier in diesem kleinen Teil des Universums, um zu studieren, zu lernen und bestimmte Erfahrungen zu sammeln, die wir nur in der physischen Welt machen können. Zu sterben und auf der Anderen Seite zu sein ist wie Sommerurlaub. Welches Kind will schon zurück in die Schule, bevor die Sommerferien vorbei sind? Genauso habe ich nie gehört, dass eine Seele hierher zurückkehren wollte, bevor es an der Zeit war, wiedergeboren zu werden. Wenn die Seelen auf der Anderen Seite sind, verstehen sie die Reise, die sie kurz zuvor vollendet haben. Sie lieben uns noch immer. Ihre Liebe währt bis in alle Ewigkeit. Aber die Andere Seite ist das Paradies, und dort gibt es keine Grenzen. Sie müssen nicht physische Gestalt annehmen, um bei uns zu sein.

Können Sie erklären, wie Sie mit den Geistern von Verstorbenen kommunizieren? Wie geht das, physisch gesehen, vor sich?

Man könnte es ganz gut so beschreiben, dass ich auf Autopilot umschalte. Haben Sie je einen Geschirrspüler ausgeräumt oder ein Hemd gebügelt? Wahrscheinlich eine Million Mal. Deshalb denken Sie nicht mehr darüber nach. Sie müssen sich nicht darauf konzentrieren und brauchen Ihren Geist dazu eigentlich nicht. Dasselbe mache ich, wenn ich eine Sitzung halten will. Ich höre einfach auf, daran zu denken. Der Herzschlag verlangsamt sich, und der Körper geht in einen Alphazustand. Ich höre keine Stimmen; ich höre Gedanken. Manchmal sehe ich auch ganz kurz ein Bild. Die Familie oder andere liebe Verstorbene der Person, für die ich die Sitzung halte (meiner Klientin oder meines Klienten), zeigen sich als Gruppe, um mit mir zu sprechen. Um den Klienten entsteht ein Energiefeld in Form eines verschwommenen Bogens oder eines Hufeisens. Das ist die gesammelte Energie der verschiedenen Seelen. Manchmal sehe ich auch eine Energiesäule, die von einer großen Person oder einem Großvater stammen kann. Zu Beginn der Sitzung ist die Energie um den Klienten verschwommen. Im Verlauf wird die Energie aufgebraucht und verschwindet langsam oder sie konzentriert sich.

Wenn ich eine Show veranstalte, bei der viele Menschen anwesend sind, summe ich während einer Sitzung manchmal ein paar Töne. Das ist kein bestimmtes Lied, und ich rufe damit auch nicht meine Geistführer, sondern die Töne sind willkürlich. Ich versuche dadurch nur, die Geräusche um mich herum auszublenden. Es hilft mir, wieder in einen unterbewussten Zustand zu gehen.

Hin und wieder atme ich kurz und kräftig ein. Viele Menschen fragen mich, was das sei, weil es sich merkwürdig anhört, und sie meinen, es zeige an, dass ich eine Botschaft hereinlasse. In Wirklichkeit atme ich nur! Wenn ich angestrengt lausche, was *sie* mir sagen, ist es fast, als würde ich durch meine Schädeldecke denken, sprechen und atmen. Natürlich kann man durch die Schädeldecke nicht atmen. Es kann daher vorkommen, dass ich überhaupt nicht atme. Plötzlich merke ich, dass ich Sauerstoff brauche, und dann hört man, wie ich einatme, weil ich förmlich nach Luft ringe.

Ich habe noch eine andere Angewohnheit: Ich presse zwei Finger jeder Hand aufeinander. Ich weiß nicht genau warum, aber es hilft mir, die Energie zu halten, sie zu konservieren. Man sieht oft Bilder spiritueller Meister oder gewöhnlicher Menschen beim Meditieren mit der gleichen Fingerhaltung. Wahrscheinlich habe ich sie instinktiv übernommen. Gezeigt hat sie mir jedenfalls niemand.

Jedes Medium erlebt die Toten anders. Die allgemeine Erfahrung oder die Botschaften sind jedoch ähnlich. Manche sehen die Toten – diese Menschen nennt man *Hellseher*. Manche hören die Toten hauptsächlich – sie bezeichnet man als *Hellhörende*. Wiederum andere bekommen einen Gesamteindruck – sie heißen *Hellfühlende*. Die Toten sind Energie, und deshalb gibt es viel Spielraum für verschiedene Erfahrungen und Auslegungen.

Erhalten Medien Botschaften
durch Tarotkarten?

Ein echtes Medium, das Tarotkarten benutzt, liest die Botschaft eigentlich nicht aus den Karten. Als ich gerade begonnen hatte, in der Öffentlichkeit zu arbeiten, habe ich Karten verwendet, um mich auf etwas konzentrieren zu können, weil ich nervös war. Offen gesagt, sah ich wahrscheinlich aus, als würde ich gleich einen Anfall bekommen. Ich legte die Karten zwischen mich und meine Klienten und erzählte ihnen, dass ich sie nutze, um eine Verbindung zur Energie ihres lieben Verstorbenen herzustellen. In Wirklichkeit lauschte ich, ich schaute nicht einmal hin, und manchmal starrte ich in den Raum und sprach mit den Karten, die aufgedeckt vor mir lagen. Die Klienten fragten mich damals oft: »Was guckst du denn da *hoch*?« Nach einer Weile erkannte ich, dass es besser war, einfach nur dazusitzen und mit ihnen zu sprechen, ohne das ganze Drumherum.

Haben Sie je ein Ouija-Brett benutzt?

Ich möchte überhaupt nicht mit Ouija-Brettern (Alphabettafeln für spiritistische Sitzungen) in Verbindung gebracht werden. Das ist ein gefährliches Spiel. Man öffnet Tür und Tor und wenn man nicht weiß, wie man sich schützen kann, ruft man möglicherweise einen bösen

Geist herbei, der einem keine Ruhe mehr lässt und das ganze Leben auf den Kopf stellt. Wenn ich eine Sitzung halte, bitte ich Gott immer, mich und mein Heim zu beschützen und nur diejenigen zu mir kommen zu lassen, die im Licht wandeln. *Keine Ouija-Bretter!* NIEMALS!

Wie erhalten Sie die Botschaften, die Ihnen während einer Sitzung übermittelt werden?

Sie erreichen mich bruchstückhaft. Es ist wirklich so, als würde man ein Puzzle zusammensetzen. Ich sammle die Teile, und der Klient oder die Klientin muss das Bild zusammensetzen. Wenn ich weiß, wohin ein Teil gehört, helfe ich natürlich.

Zuerst versuche ich, die Person – eine der Personen – auf der Anderen Seite zu identifizieren, die gerade spricht. Ich konzentriere mich auf sie und lasse mir von ihr die anderen vorstellen. Es ist ungefähr so, als würde man zu einer Party gehen und mit jemandem ein Gespräch beginnen und diese Person würde einen allmählich mit allen anderen Gästen bekannt machen. Ich frage den Sprecher (normalerweise mental, nicht laut): »Bitte tritt hervor; hast du eine Botschaft? Kannst du mir helfen?« Er erledigt den größten Teil der Arbeit.

Er sagt mir, wer er ist, zum Beispiel indem er mir direkt seinen Namen nennt. Manchmal bekomme ich nur einen Anfangsbuchstaben. In diesem Fall teile ich ihn dem

Klienten mit, und oft schlage ich Namen vor, die mit diesem Buchstaben beginnen, um dem Klienten zu helfen. Ich sage zum Beispiel: »Es ist ein ›J‹. Ist es Jerry – John – Jack? Oft ist der Klient etwas schockiert, weil die Verbindung zustande gekommen ist, obwohl er ja deswegen zu mir gekommen ist. Was Namen angeht, bin ich alles andere als perfekt, dafür kann ich mich nur entschuldigen. Der Geist auf der Anderen Seite sagt mir seinen Namen, und ich gebe mein Bestes. Häufig erwische ich sofort den richtigen. Aber ich bin nicht der liebe Gott. Wenn ich jemandem sage, es ist ein »D« – David, Donald, Dominick … –, dann ist diese Person hoffentlich nicht überrascht, wenn der richtige Name Donahue lautet. Normalerweise kann ich genug Informationen geben über die Person, die spricht, so dass der Klient keinen Zweifel mehr hat, um wen es sich handelt. Um herauszufinden, wer gerade spricht, frage ich oft, wie die Person hinübergegangen ist, und sie zeigt mir, wie sie gestorben ist. Ich sehe sie vielleicht in der Horizontalen, und das bedeutet gewöhnlich, dass sie im Bett lag. Es kann heißen, dass sie lange krank war oder dass sie im Schlaf gestorben ist. Es kann auch sein, dass ich in meinem Brustkorb etwas fühle. Dann frage ich den Klienten: »Hatte sie ein Problem mit der Lunge?« Ich durchlebe alle möglichen Empfindungen; es kann ein Gefühl sein, als ob ich gestoßen würde oder als hätte ich Wasser in der Lunge oder bekäme einen Schlag in den Bauch – je nachdem, was sie mir mitteilen wollen. Es ist immer anders. Manchmal sehe ich, dass etwas im ganzen Körper ist, und frage den Klienten: »War es Krebs?« Oder ich sehe Blut, dann weiß ich, dass ein Unfall oder Schlim-

107

meres passiert ist. Ich mache das nur, damit die Klientin oder der Klient weiß, dass die Person, mit der ich spreche, die ist, mit der sie oder er Kontakt aufnehmen will. Es kommt auch vor, dass *sie* mir eine bestimmte Krankheit nennen, zum Beispiel Diabetes. Manche Toten wollen nicht erzählen, wie sie gestorben sind, weil es sie noch immer aus der Fassung bringt (das ist häufig so, wenn eine Überdosis im Spiel war oder etwas anderes, wofür sie sich »schämen« oder wovon sie noch nicht völlig geheilt sind). Vielleicht wollen sie auch nur die Person, die mit ihnen sprechen will, nicht beunruhigen.

Ich höre viel mehr von ihnen, als ich sehe. Sie sprechen in einem leisen Flüsterton zu mir. Ich sehe jedoch auch Bilder, wenn sie mir etwas Bestimmtes zeigen wollen. Manchmal rieche ich Rauch, zum Beispiel Zigarren-, Zigaretten- oder Pfeifenrauch oder Alkohol oder ein bestimmtes Duftwasser, das die Person, für die ich die Sitzung halte, erkennen kann. Ich sage dann zum Beispiel: »War Ihr Onkel Louis Raucher? Er riecht nach Rauch.« Es kommt auch vor, dass ich eine Melodie höre, was für mich schwierig ist, da ich keine große Sängerin bin; doch wenn ich sie erkenne, versuche ich, sie meinem Klienten zu übermitteln, und oft weiß er, was sie bedeutet.

Es kommt vor, dass *sie* nur für wenige Sekunden Verbindung aufnehmen – eigentlich ist das oft so. Die Toten sind eine Energiequelle und sie besitzen nur einen gewissen Vorrat an Energie. Deshalb bleiben sie selten länger. Sie versuchen, gleich wenn sie zu mir kommen, die wichtigsten Botschaften, die ich weiterleiten soll, zu übermitteln. Meist verschwinden sie kurz darauf wieder. Wenn mehrere Geister gemeinsam mit Freunden und Familienmitgliedern zu mir kommen, dauert das Treffen länger, da sie sich gegenseitig Energie geben.

Wie lange dauert eine Sitzung normalerweise?

Viele Menschen sind überrascht, weil sie wissen, dass man bei einem Kartenleger eine richtige Konsultation hat. Der Kartenleger legt die Karten auf eine bestimmte Weise aus und geht sie eine nach der anderen durch. Das dauert eine Weile, und der Klient kann dabei Fragen stellen. So eine Lesung kann leicht eine halbe bis eine ganze Stunde dauern. Was ich mache, geht schneller, ist aber viel intensiver. Der Klient ist in direktem Kontakt mit einem Geist, den er eindeutig wiedererkennt, und innerhalb kürzester Zeit – manchmal sind es nur fünf Minuten – bekommt er eine Menge Informationen. Dann verschwindet der Geist wieder. Wenn mehrere Geister auftauchen, kann es zehn bis fünfzehn Minuten dauern, länger ist jedoch nicht die Regel.

Können Sie steuern, wer Kontakt aufnimmt, wenn Sie eine Sitzung halten?

Ich kann es so steuern, dass negative Energie draußen bleibt. Ich sage zu Beginn immer, dass nur Geister, die im Licht Gottes sind, zu mir sprechen dürfen. Ich lasse keine negativen Wesen in meiner Nähe zu – weder in meiner Gegenwart noch in meinem Haus. Mit etwas, das nicht von Gott kommt, will ich nichts zu tun haben.

Wenn ein Medium gebeten wird, mit einem bestimmten Geist zu sprechen, wird dieser Geist dann von seiner momentanen Aktivität auf der Anderen Seite weggeholt, um Kontakt aufnehmen zu können?

Nein, natürlich nicht. Niemand holt sie von etwas weg, genauso wenig wie Gott, wenn er jemandem in Italien beim Beten zuhört, unterbrochen wird, damit er unsere Gebete anhören kann. *Sie* unterliegen keinen Einschränkungen, deshalb ist es für sie kein Problem, überall gleichzeitig zu sein. Sie sind immer da, wenn wir sie brauchen.

Können Sie sich auf einen bestimmten Geist konzentrieren? Können Sie auswählen, wer Kontakt aufnimmt?

Zuerst einmal bitte ich meine Klienten um Erlaubnis, zuhören zu dürfen. Ich berühre ihre Hand und frage sie nach ihrem Namen. Das lässt die Andere Seite aufmerksam werden und übermittelt ihr die Information, dass wir jemanden suchen, der eine Verbindung zu dieser Person besitzt. Dann kann die Person, die die Sitzung erhält, auswählen, wer Kontakt aufnehmen und mit ihr sprechen soll. Sie kann darum bitten, mit einer bestimmten Person zu sprechen. Wenn mehrere Seelen da sind, beschreibe ich sie ihr und sie kann sagen: »Ich möchte nur mit meinem Vater sprechen.« Dann verschwinden die anderen wieder. In manchen Fällen wollen Geister von der Anderen Seite eine Entschuldigung loswerden oder eine Botschaft an jemanden übermitteln lassen. Sie haben nicht so oft Gelegenheit, Verbindung mit Menschen auf dieser Seite aufzunehmen, und wollen die Chance nutzen; deshalb sind sie hartnäckig.

Ist es wirklich nötig,
dass Sie Ihre Klienten um Erlaubnis bitten,
zuhören zu dürfen?

Ich finde es einfach höflicher. Wenn ich nicht vorher die Erlaubnis erhalte, komme ich mir vor, als würde ich sie belauschen. Wenn ich zu Ihnen zu Besuch komme, läute ich auch an der Haustür und stelle mich nicht direkt vor das Fenster und drücke meine Nase gegen die Scheibe, um zu sehen, ob Sie zu Hause sind, oder? Es ist nur eine Geste der Höflichkeit, wenn man vorher fragt. Ich versuche, meinen Klienten den gleichen Respekt entgegenzubringen, den ich von ihnen erwarte.

Hören Sie auch von Leuten,
die Ihr Klient oder Ihre Klientin nicht kennt?

Ja, sehr oft! Niemand kennt alle Familienmitglieder, die vor ihm hinübergegangen sind. Oft nimmt ein Geist Kontakt auf, den die Person im Diesseits in diesem Leben nicht kennengelernt hat, der aber als Seele schon seit mehreren Leben eine besondere Beziehung zu ihr besitzt. Manchmal ist es ein Mitglied der Großfamilie oder sogar ein verstorbener Verwandter eines Nachbarn. Es ist auf jeden Fall jemand mit einer Verbindung zur Familie auf dieser Seite. Es gab schon Leute, die wegen einer Sitzung zu mir gekommen sind und mir erzählten: »Sie haben eine Sitzung für meinen Nachbarn gehalten, und meine Familie wurde erwähnt.« Der Geist nutzte meinen Klienten als Boten. Ich sage den Klienten, die verheiratet sind, immer, dass ein Name, der ihnen vielleicht nichts sagt, durchaus von jemandem aus der Familie des Ehepartners stammen könnte. Auf der Anderen Seite sind alle beieinander und die Familien von Ehepartnern werden als eine angesehen.

Ich habe einmal für eine neue Klientin eine Sitzung gehalten, und ihre Schwiegermutter trat in Verbindung mit mir. Ich hatte keine Ahnung, dass sie gestorben war, als der Ehemann der Klientin noch studierte. Sie und ihr Mann hatten sich erst zwanzig Jahre später kennengelernt und geheiratet, deshalb hatte sie ihre Schwiegermutter nie persönlich getroffen, was ich nicht wusste. Die Schwiegermutter gab meiner Klientin jedenfalls einige Botschaften für ihren Mann, und dann zeigte sie mir einen Küchenschrank und einen kleinen Gegenstand von sich, den meine Klientin angeblich in ihrem Schrank aufbewahrte. Sie sagte, es freue sie, dass meine Klientin ihn aufgehoben habe und gelegentlich herausnehme, anschaue und an sie denke. Ich war mir sicher, dass es sich nicht um Geschirr handelte. Es war irgendein kleines Schmuckstück, das sie im Küchenschrank aufbewahrte. Meine Klientin sagte, sie habe nicht die geringste Vorstellung, wovon die Mutter ihres Mannes spreche, wollte aber gleich nach ihrer Rückkehr ihren Mann fragen. Doch dann hatte ich eine Idee und fragte die Klientin, ob ihr Mann eine Schwester habe. Sie bejahte. Ich sagte ihr: »Ich habe mich geirrt. Seine Schwester hat den kleinen Gegenstand in ihrem Küchenschrank. Bitte erzählen Sie

Ihrer Schwägerin, was ihre Mutter gesagt hat.« Direkt nach der Sitzung rief meine Klientin ihre Schwägerin an und berichtete ihr davon und fragte sie, ob sie wisse, wovon ihre Mutter gesprochen habe. Sie rief: »Oh mein Gott, ich habe das Amulett-Armband meiner Mutter in einer kleinen Tasse im Küchenschrank und hole es oft heraus, schaue es an und denke an sie.«

Wenn *sie* eine Botschaft übermitteln wollen, nutzen sie jede Möglichkeit, die sich bietet. Es ist auf dieser Seite ja nicht anders. Wenn Sie etwas wirklich wollen, finden Sie Wege, es zu bekommen. Die Geistwesen sind genauso darauf aus. Wenn sie sehen, dass die Leitung frei ist, ergreifen sie die Gelegenheit und sprechen.

Ist es »sicher«, an einer Gruppensitzung teilzunehmen? Würde ein Geist etwas verraten, was die anderen nicht wissen sollen?

Wenn Sie Bedenken haben, dass Sie in eine peinliche Situation geraten könnten, so lassen Sie sich gesagt sein, dass kein Unterschied darin besteht, ob man eine Einzel- oder eine Gruppensitzung hat. Die Toten würden niemals jemanden absichtlich in Verlegenheit bringen. Sie sagen vielleicht, sie seien stolz darauf, dass Sie etwas Bestimmtes erreicht haben. Das könnte Ihnen peinlich sein, wenn Sie leicht in Verlegenheit geraten, aber die Geistwesen übermitteln nie eine schlimme Botschaft. Wie schon gesagt, ich fluche wie ein Lkw-Fahrer und habe ein ganzes Repertoire an unanständigen Witzen – daran habe ich wirklich Spaß. Aber ich habe überhaupt keinen Spaß daran, jemanden bloßzustellen. Das gibt es bei mir einfach nicht. Auf der Anderen Seite ist nur Liebe. Sie müssen sich das bewusst machen: *Sie lieben Sie.* Das Letzte, was die Geister wollen, ist, etwas zu tun, das Sie verletzt, auch wenn Ihre Beziehung auf dieser Seite von Leid geprägt war. Es ist vorgekommen, dass ein Geist eine Entschuldigung übermitteln wollte für etwas, das er getan, oder für die Art und Weise, wie er jemanden behandelt hatte. Das kann sehr ergreifend sein, aber ich hoffe, es ist der Person, die diese Botschaft erhält, nicht peinlich. Die Geistwesen sagen mir nicht, wofür sie sich entschuldigen, und selbst wenn ich eine Ahnung hätte, würde ich es nicht aussprechen. Ich würde höchstens sagen, dass es etwas ziemlich Schlimmes war – mehr weiß ich normalerweise auch nicht – oder zumindest etwas, weshalb der Geist sich große Vorwürfe macht. Wenn ein Klient näher auf eine Botschaft eingehen möchte, so ist das seine Entscheidung. Eine Klientin sagte zum Beispiel: »Er hat mich misshandelt; es fing an, als ich sechs Jahre alt war, und ging so lange, bis ich mit sechzehn auszog.« Sie wollte das loswerden, und sie hatte das Gefühl, in einer sicheren Umgebung zu sein, wo sie es auch aussprechen konnte. Ich habe eine große Schachtel Taschentücher in meinem Büro. Vielen Menschen geht die Sitzung sehr nahe. Sie weinen und obwohl ich versuche, emotional auf Distanz zu bleiben, damit ich eine gute Vermittlerin bin, weine ich manchmal auch, aber ich sage immer: »Das verbindet dich und mich und den Rest der

Welt! Und wenn ich jede zweite Woche eine neue Schachtel Kleenex kaufen muss, sei's drum!« Ich bin stolz darauf!

Ist es schon vorgekommen, dass jemand zu einer Sitzung zu Ihnen kam und Sie nichts gehört haben?

Ja, das hat es gegeben. Bei den mehreren tausend Sitzungen, die ich gehalten habe, ist es bisher zwei Mal vorgekommen. Das erste Mal geschah das bei einer Sitzung mit drei Frauen Anfang dreißig. Die Sitzungen der ersten zwei verliefen völlig normal. Bei der dritten Frau konnte ich einfach nichts hören oder sehen. Ich bekam schon einen Schreck, da mir das noch nie passiert war. Es blieb mir schließlich nichts anderes übrig, als ihr zu sagen: »Es tut mir leid, meine Liebe. Ich kann von Ihnen kein Geld nehmen, weil ich Ihnen nichts sagen kann.« Sie war bestürzt und verabschiedete sich schnell. Ihre beiden Freundinnen blieben noch eine Weile, und ich fragte sie: »Ich weiß nicht, was geschehen ist. Können Sie sich einen Grund vorstellen, warum da nichts war?« Ihre Freundinnen erzählten mir, sie neige dazu, alle Beziehungen zu sabotieren, und das, was bei mir geschehen war, sei schon öfter passiert. Sie war bei anderen Parapsychologen gewesen – auch bei unseriösen –, aber sie hatte auch den berühmten Parapsychologen George Anderson aufgesucht, und er hatte auch nichts gesehen!

Das zweite Mal geschah es ebenfalls bei einer Frau Anfang dreißig. Als ich ihr sagte, es tue mir leid, ich könne nichts sehen, trug sie es mit großer Fassung. Sie meinte: »Das ist in Ordnung. Es ist mir lieber, wenn Sie ehrlich zu mir sind.«

Ich weiß bis heute nicht, was der Grund dafür war. Ich kann nur vermuten, dass es mit dem Karma der beiden zu tun hatte. Ohne Namen zu erwähnen, kann ich sagen, ich weiß, dass das auch anderen seriösen Medien passiert ist, berühmten Medien genauso wie unbekannten echten Medien. Ich nehme an, das ist ein reales Phänomen, wenn es auch selten vorkommt. Der Unterschied zwischen einem seriösen und einem unseriösen Medium besteht darin, dass das seriöse Medium in einem solchen Fall zugibt, dass es nichts hört. Schwindler erfinden dann etwas, von dem sie glauben, dass der Klient oder die Klientin es gerne hören würde.

Wenn Sie eine Sitzung für eine große Gruppe halten, ist es dann schwierig auseinanderzuhalten, wer gerade mit wem spricht?

Ja, das kann schwierig sein. Ich nenne es »Überschwappen«, wenn Botschaften für jemanden durchkommen, der in der Nähe ist, während ich für eine andere Person eine Sitzung halte. Kürzlich erhielt ich bei solch einer Veranstaltung eine Durchsage für eine Frau und sprach mit deren Mutter. Die Frau bestätigte die Todesumstände ihrer Mutter, daher wussten wir, dass sie es war. Doch dann konnte die Frau mit der Information, die ich erhielt, nichts mehr anfangen. Sie war völlig verwirrt, als ich ihr die Botschaft übermittelte, und sagte immer wieder, sie sehe keinen Zusammenhang. Da hob eine Frau hinter ihr zögernd die Hand und fragte: »Könnte es sein, dass ich gemeint bin?« Ein Mitglied ihrer Familie hatte offenbar das Wort ergriffen. Die zweite Frau erhielt eine Menge Information, die sie einordnen konnte – wir nahmen sie einfach auf, ohne herauszufinden, wer eigentlich sprach, weil alles anders als geplant verlief. Dann meldete sich die Mutter wieder, die ursprünglich gesprochen hatte, und sagte: »Vergesst nicht, noch einmal auf mich zurückzukommen. Ich war noch nicht fertig!« Das geschah in derselben Veranstaltung später noch einmal.

Ist es ein Unterschied, ob Sie eine Sitzung für einen Mann oder für eine Frau halten?

Aus meiner Sicht nicht unbedingt. Ich sehe keinen Unterschied. Ich mache nichts anders. Es ist eher so, dass jedes Individuum anders ist. Die Menschen nehmen die Informationen unterschiedlich auf. Keine zwei Sitzungen sind gleich und keine zwei Menschen nehmen die Botschaften gleich auf. Wenn es überhaupt einen Unterschied gibt, dann besteht der darin, dass weniger Männer eine Sitzung in Anspruch nehmen – aus welchem Grund auch immer. Vielleicht ist es, weil sie doch irgendwie Machos sind. Männer sind meist stolz darauf, skeptisch zu sein, und selbst die, die zu meinen großen Shows kommen, schauen meist nur zu und melden sich nicht, um selbst eine Sitzung zu bekommen. Ich bin immer sehr stolz auf die Männer, die nach vorne kommen. Ich finde sie mutig.

Schwule Männer sind nicht so. Ich bin sehr populär bei Schwulen und halte bei vielen privaten Partys Gruppensitzungen für Schwule. Diese Leute haben keine Angst, ihre Gefühle zu zeigen, und es ist eine Freude, mit ihnen zu arbeiten. Ich muss wirklich sagen, dass ich schwule Menschen mag – nicht nur, weil mein Bruder Harold schwul war – und dass ich ihre Konflikte verstehe. Ich habe das Gefühl, dass sie gerade wegen dieser Konflikte zu besseren Menschen werden und Unterschiede verstehen. Es fällt ihnen leichter, Mitgefühl zu zeigen und sich anderen mitzuteilen.

Ist es nicht schwer für Sie, mit einem Skeptiker verheiratet zu sein?

Es ist nicht immer leicht zu verstehen, warum etwas, das für mich offensichtlich ist, für die Person, die ich am meisten liebe, nicht auch offensichtlich ist. Aber ich muss wirklich sagen, dass sich die Beziehung zwischen John und mir weiterentwickelt hat. Als wir uns kennenlernten, fühlte er sich angezogen von einem hübschen Mädchen mit einer netten Persönlichkeit. In den vergangenen 25 Jahren hat er sich meiner Meinung nach innerlich weiterentwickelt, und er liebt mich heute auf spiritueller Ebene mehr, als er damals meinen tollen Körper geliebt hat.

John wurde einmal interviewt und gefragt: »Was werden Sie tun, wenn Sie sterben, auf die Andere Seite hinübergehen und herausfinden, dass Ihre Frau in allem recht hatte?« Was John darauf antwortete, gefiel mir sehr. Er sagte: »Ich bin mein Leben lang ein guter Sohn, ein guter Bruder, ein guter Ehemann, ein guter Vater und ein guter Freund gewesen. Ich versuche bis heute, bei jedem, den ich kenne und den ich kennenlerne, alles richtig zu machen.« (Das ist wirklich wahr! Wenn John einen Dollar zu viel Wechselgeld herausbekommt für etwas, das er gekauft hat, macht er kehrt, auch wenn er schon im Auto auf dem Nachhauseweg ist, und gibt dem Kassierer den Dollar zurück!) »Wenn ich auf die Andere Seite komme und Gott mich nicht nach diesen Dingen beurteilt, sondern ausschließlich nach der Frage, ob ich an ihn geglaubt habe oder nicht, und mich deshalb nicht hineinlässt, dann ist das ein Klub, zu dem ich sowieso nicht gehören möchte.«

Kann die Andere Seite Ihnen sagen,
ob Ihr Partner Sie betrügt?

Natürlich kann sie das, und sie tut es auch. Die meisten Menschen besitzen dieses »Wissen« durchaus, doch sie schieben es weg und wollen es nicht wahrhaben. Die Geister auf der Anderen Seite wissen immer, was geschieht, und sie versuchen dauernd, uns wachzurütteln, damit wir sehen, was in unserem Leben geschieht. Als John und ich erst kurz verheiratet waren, gab es eine Zeit, in der es nicht so gut lief. John traf sich jeden Donnerstagabend mit Freunden. Sie gingen in eine Kneipe, tranken ein paar Bier und unterhielten sich. Eines Donnerstags ließ er, als er nach Hause kam, aus Versehen seine Geldbörse im Auto liegen. Ich musste am folgenden Tag zum Geldautomaten. Ich setzte mich ins Auto und sah Johns Geldbörse auf dem Sitz liegen. Ja, ich gebe es zu. Ich habe sie geöffnet. Und da liegt doch völlig offen ein Zettel, auf dem steht »Julie« und daneben eine Telefonnummer. Sie können sich bestimmt vorstellen, wie ich mich gefühlt habe! Ich versuchte jedoch, ruhig zu bleiben, und befragte die Andere Seite: »Hat mein Mann eine Affäre?« Sie sagten: »Nein.« Okay. Die können so etwas leicht sagen. Wir hatten in der letzten Zeit ziemlich Stress miteinander gehabt, und ich glaubte nicht so ganz, was ich gehört hatte. Als John nach Hause kam, fragte ich ihn: »Möchtest du mir irgendetwas erzählen?« Er tat so, als ob er keine Ahnung hätte, wovon ich sprach. Ich sagte nur: »Wer ist Julie?« Er sah noch immer nicht so aus, als ob ihm ein Licht aufginge. Da erzählte ich ihm, dass ich ihre Telefonnummer in seiner Geldbörse gefunden hatte. Nun verstand er und meinte: »Oh, das war diese nette, traurige Frau, die gestern Abend mit der Freundin von Joe kam. Sie schien einsam zu sein. Sie fing ein Gespräch mit mir an, und um nicht unhöflich zu sein, hörte ich ihr den ganzen Abend zu. Ich habe ihr erzählt, dass ich verheiratet bin, aber als ich ging, wollte sie mir trotzdem ihre Telefonnummer geben, damit wir auf freundschaftlicher Basis in Kontakt bleiben können. Ich wollte sie nicht verletzen, deshalb nahm ich den Zettel und legte ihn in meine Börse.« Können Sie sich vorstellen, wie man sich fühlt, wenn man so eine Geschichte glauben soll? Ich nahm wieder Kontakt zu den Geistwesen auf und fragte sie: »Ist das wahr?« Und sie sagten: »Ja.« Obwohl ich glaube, dass die Andere Seite offen und ehrlich zu mir ist, fiel es mir schwer, das zu glauben. Unsere Ehe war in keinem guten Zustand, und ich neigte eher dazu zu glauben, dass John mich betrog, als die Möglichkeit in Erwägung zu ziehen, dass die Telefonnummer einer Frau in seiner Geldbörse nichts zu bedeuten hatte. Doch *sie* bestätigten mir das, und ich hatte keine andere Wahl, als es zu glauben.

Dreizehn Jahre später – John und ich waren inzwischen in die Wälder von Boonton gezogen – hielt ich eine Sitzung für eine Frau. Als ich ihre Hand berührte, um sie um Erlaubnis zu bitten, zuhören zu dürfen, hörte ich: »Das ist Julie. Sie ist es.« Wie bitte? Und ich hörte es nochmals: »Julie. Die Telefonnummer in Johns Geldbörse. Das ist sie.« Ich war platt. Ich fragte die Frau: »Erinnern Sie sich an einen Mann namens John Bertoldi, den Sie vor mehr als zehn Jahren trafen?« Der Name sagte ihr nichts. Ich erzählte ihr, in welchem Lokal es gewesen sei und dass sie sich den ganzen Abend mit einem Mann unterhalten habe, der mit einer Gruppe von Freunden dort war. Dann erinnerte sie sich, dass sie dort gewesen war. Ich sagte: »Das war mein Mann.« Sie fragte: »Wirklich? Das war Ihr Mann? Er war so nett.«

Ich glaube nicht an Zufälle. Das war eine gewaltige Lektion für mich. Diese Frau war mehr als zwölf Jahre später zu mir gekommen und hatte den weiten Weg durch zwei Countys auf sich genommen, damit die Andere Seite mir zeigen konnte, dass mein Mann mir ohne jeden Zweifel treu war und dass ich *ihnen* wirklich in jedem Fall vertrauen konnte.

Ich möchte anmerken, dass ich normalerweise nicht jedem vorbehaltlos reinen Wein einschenke, wenn ich höre, dass sein Ehepartner ihn betrügt. Ich finde, das ist nicht meine Aufgabe. Ich kann nicht jeden retten. Ich überlasse es dem Einzelnen, hier selbst zu entscheiden.

Erkennt ein Medium einen Geist als die Person wieder, die er oder sie einmal war?

Definitiv! Geister besitzen im Jenseits dieselbe Persönlichkeit wie im Diesseits. Wenn jemand hier ungeduldig war, dann ist er auch auf der Anderen Seite ungeduldig und will zu Wort kommen. Männer, die in ihrem Leben ausgiebig geflirtet haben, haben mir Komplimente in Bezug auf mein Aussehen oder Teile meines Körpers gemacht. Es kommt vor, dass ich eine Sitzung halte und lachen muss und meine Klientin fragt mich: »Worüber lachen Sie?« Ich antworte: »Er sagt, ich sei ein steiler Zahn«, und die Klientin erwidert: »Ja, Sie sind sein Typ.« Doch es kann auch passieren, dass jemand, der auf dieser Seite sehr still war oder nie gesagt hätte: »Es tut mir leid!«, auf einmal ausgesprochen kommunikationsfreudig ist und gesteht: »Ich habe dir nie gesagt, dass ich dich liebe. Das hätte ich tun sollen.« Manchmal ändern sie sich also doch auf der Anderen Seite, aber die Veränderung rührt immer daher, dass sie etwas gelernt haben. Manchmal sagen Klienten zu mir, dass ich jemanden gut »draufhabe«, als ob ich eine Person nachahmen würde. Aber das bin nicht ich. Es sind *sie*. Ich gebe nur weiter, was ich höre.

Altert man auf der Anderen Seite?

Wir dürfen nicht vergessen, dass das physische Alter nichts mit dem spirituellen Alter zu tun hat. Es kommt vor, dass eine Person hier im Diesseits nur kurz lebt, aber eine sehr alte Seele ist. Umgekehrt gibt es Menschen, die 75 Jahre alt werden und, spirituell gesehen, noch immer Kinder sind. Auf der Anderen Seite ist ein Baby, das gestorben ist, kein Baby. Der Geist meldet sich bei mir zwar: »Ich bin das neunmonatige Baby, das meine Mutter verloren hat.« Aber das dient nur dem Zweck, die Mutter sicher wissen zu lassen, dass es ihr Baby ist. Die Menschen fragen sich immer, warum Gott Kinder sterben lässt, aber für mich ist das nicht die richtige Frage. Ich frage mich immer, was eine Seele dazu veranlasst, freiwillig auf die Erde zu kommen, wenn sie weiß, dass sie vielleicht eine unheilbare Krankheit bekommt oder einen Gendefekt oder misshandelt oder ermordet wird. Doch ihr kurzes Leben und ihr Tod ziehen so weite Kreise; sie tragen so viel bei. Und natürlich haben sie es dort, wohin sie zurückgekehrt sind, sehr viel besser.

Um noch einmal auf die Frage einzugehen: Ich habe den Eindruck, dass man auf der Anderen Seite kein festes Alter hat. Ich glaube, man kann es wählen. Ich weiß, dass mir mein Vater nicht wie ein alter Mann vorkommt, und mein Bruder erscheint mir nicht kränklich. Sie sind beide jung und schön auf der Anderen Seite. Es ist fast so, als ob Geister sich das Alter aussuchen könnten, in dem sie sich am wohlsten fühlen und am meisten *sie selbst* sein können. Ich weiß aber auch, wenn eine Klientin für eine Sitzung zu mir kommt, erscheint die Person, die sie auf der Anderen Seite erreichen möchte, normalerweise in einer Form, die die Klientin schon einmal gesehen hat und daher wiedererkennt. Ein Großvater wird sich zum Beispiel nicht als Zwanzigjähriger zeigen, weil sein Enkel ihn zu Lebzeiten so noch nie gesehen hat.

Was würde eine Seele dazu veranlassen, freiwillig ein Leben auf sich zu nehmen, von dem sie weiß, dass es vorzeitig beendet wird?

Wenn wir wiedergeboren werden, geschieht das normalerweise, um etwas zu *lernen*. Ich glaube aber, in solchen Fällen geschieht es, um etwas zu *lehren*. Eine Mission wie diese würde zweifellos nur einer sehr weit fortgeschrittenen Seele oder einem spirituellen Meister anvertraut werden. Zur Motivation kann ich nichts sagen. Ich nehme an, dass eine Seele, die sich so weit entwickelt hat, ein wesentlich höheres Verständnis besitzt als wir und ihr die Wichtigkeit der Mission nicht erklärt werden müsste.

Woher wissen Sie, ob die Botschaft, die Sie übermitteln, genau stimmt?

Bei der Beurteilung, ob das, was ich einer Klientin gesagt habe, richtig ist, hilft mir hauptsächlich die Tatsache, dass die Klientin die Information bestätigen kann. Das liegt wirklich bei den Klienten, weil ich die Seelen, von denen ich Botschaften erhalte, nicht kenne. Ich verstehe nicht unbedingt, was ich gesagt bekomme. Ich wiederhole nur, was ich höre. Es kommt aber auch vor, dass ich die Botschaft *spüre,* und dann weiß ich, dass sie äußerst genau ist. In so einem Fall stehe ich zu dem, was ich gesagt habe. Auch wenn die Person, für die ich die Sitzung halte, nicht weiß, wer die Botschaft geschickt hat und was sie bedeutet, rate ich ihr, sie aufzuschreiben, sich eine Notiz zu machen und später darüber nachzudenken. Es kommt oft vor, dass jemand während der Sitzung keinen klaren Gedanken fassen kann und ihm eine bestimmte Person nicht einfällt, auch wenn er sie sehr gut gekannt hat. Für die meisten Menschen ist eine Sitzung nichts Alltägliches, und deshalb sind sie etwas nervös.

Ist es vorgekommen, dass Sie eine Botschaft falsch übermittelt haben?

Es wäre ziemlich überheblich zu sagen, ich mache keine Fehler. Ich höre keine Stimmen oder Worte sondern *Gedanken.* Manchmal ist ein Gedanke klar, ein anderes Mal nicht. Manchmal bekomme ich einen Namen genannt, dann wieder nur einen Buchstaben. Perfekt ist nur Gott allein.

Wie gehen Sie
mit Skeptikern um?

Ich verstehe es, wenn jemand skeptisch ist. Es macht mir nichts aus, wenn mir jemand nicht glaubt, aber ich bin stocksauer, wenn ich als Mensch nicht respektiert werde.

Ich erinnere mich, dass ziemlich zu Beginn meiner Tätigkeit als Medium ein Mann zu mir kam, den ich George nenne. Er war sowohl skeptisch als auch respektlos. Er ging mir echt auf die Nerven. Er marschierte herein und sagte: »Das hier ist Schwachsinn, aber meine Töchter haben mich gezwungen herzukommen.« Er setzte sich, und ich begann, Verbindung mit seiner Frau und seiner Mutter aufzunehmen. Ich gab ihm ihre Namen, Einzelheiten aus ihrem Leben und so weiter. Er sagte: »Das könnte ja jeder. Das ist Schwachsinn.« Heute würde ich wahrscheinlich sagen: »Das war's, danke für Ihren Besuch.« Doch ich war jung und wollte ihm beweisen, dass ich wirklich Kontakt zu seiner Frau und seiner Mutter hatte, deshalb fragte ich ihn, womit ich ihn beeindrucken könne. Er meinte: »Sagen Sie mir, womit ich meinen Lebensunterhalt verdiene.« Ich fragte seine Frau und sagte ihm dann: »Ihre Frau teilt mir mit, dass Sie Pferde bei Rennen laufen lassen, aber eigentlich wollten Sie immer Autos verkaufen.« Er fauchte mich an: »Falsch, ich verkaufe Autos, wollte aber immer Pferde bei Rennen laufen lassen.« Ich hatte es verwechselt. Ich sagte: »Okay, aber sehen Sie nicht, dass die Antwort da war?« Er ließ sich einfach nicht beeindrucken und behauptete noch immer, dass das alles Schwachsinn sei. Ich erinnere mich daran, dass ich das Bedürfnis hatte, ihm eine runterzuhauen; heute denke ich aber, dass das eine meiner besten Sitzungen war. Ich habe damals gelernt, dass es immer Skeptiker geben wird. Ich hätte George die Kombination zu seinem Safe sagen können – er hätte mir trotzdem nicht geglaubt. Man muss lernen, manche Dinge einfach auf sich beruhen zu lassen und weiterzugehen.

In einem anderen Fall fiel es einer Frau, die ihren Mann verloren hatte, sehr schwer, über ihre Trauer hinwegzukommen. Ihre Tochter wollte ihr helfen und hatte bei mir eine Sitzung für sie gebucht. Die Mutter glaubte aber nicht an mediale Fähigkeiten. Sie glaubte nicht an die Andere Seite. Sie dachte, ihr Mann sei für immer von ihr gegangen. Sie sagte ihrer Tochter, sie wolle mich nicht besuchen. Die Tochter war clever und übte keinen Druck auf sie aus. Sie sagte: »Ist schon in Ordnung, Mama. Du musst dich nicht jetzt entscheiden. Du hast eineinhalb Jahre Zeit für die Entscheidung, ob du gehen willst oder nicht.« (Meine privaten Sitzungen sind inzwischen wirklich Jahre im Voraus ausgebucht.) Hin und wieder fragte die Tochter ihre Mutter, ob sie ihre Meinung geändert habe, und jedes Mal sagte die Mutter, nein, sie wolle nicht gehen. Eine Woche vor dem vereinbarten Termin, als sie gerade arbeiten war und allein in der Kantine saß und einen Kaffee trank, geschah etwas Erstaunliches: In dem Raum gab es nur einen Tisch und ein paar Stühle, auf denen Zeitungen und Zeitschriften herumlagen, die Leute mitgebracht und für andere zum Lesen dagelassen hatten. Der Raum hatte keine Fenster, und es gab nichts, das einen Luftzug hätte verursachen können. Plötzlich hörte sie ein lautes Aufklatschen hinter sich. Sie drehte sich um und sah, dass ein Stapel Zeitschriften ohne ersichtlichen Grund auf den Boden gefallen war. Sie ging hinüber, um sie aufzuheben, und da sah sie, dass das oberste Magazin – zufällig eine Ausgabe des *New Jersey Life* – so heruntergefallen war, dass ein Artikel mit dem Titel »Concetta Bertoldi: Die Lady in den Wäldern« aufgeschlagen war. Zufall? Ich denke nicht. Aus der Skeptikerin wurde in diesem Moment eine Tiefgläubige! Es versteht sich von selbst, dass sie zu ihrem Termin erschien, und ich hatte den Eindruck, sie war sehr getröstet durch die Gewissheit, dass ihr Mann noch immer in der Nähe war (nahe genug, um Magazine durcheinanderzubringen).

Es ist schwierig, feste Überzeugungen zu ändern. Ich möchte die Überzeugungen anderer Menschen gar nicht ändern, zumindest nicht nur, damit sie mich mögen oder an mich glauben! Ich möchte den Menschen einfach helfen, ihr Wissen zu erweitern, so dass es die Realität eines Lebens nach dem Tod einschließt. Es gibt Skeptiker, die gern über dieses Thema diskutieren. Sie haben mir geholfen, toleranter und verständnisvoller zu werden. Die Skeptiker werden irgendwann auf die Andere Seite hinüberwechseln, und alles wird ihnen offenbart werden. Dann können sie die Wahrheit nicht mehr leugnen. Als ich meine ersten Sitzungen hielt, hatte ich Angst davor, dass mir jemand nicht glauben oder mich demütigen könnte. Inzwischen bin ich selbstbewusst genug, dass mir das nichts mehr ausmacht.

Wenn übersinnliche Menschen »echte« Fähigkeiten haben, warum können sie uns dann nicht vor weltweiten Katastrophen warnen?

Einige tun das. Das Problem ist der Zeitfaktor. Wir können nicht exakt sagen, wann etwas geschehen wird, weil Zeit auf der Anderen Seite, von der die Information kommt, etwas ganz anderes ist. Wir können keine *exakte* Vorhersage treffen, wann etwas geschehen wird. Und auch darüber, *was* geschehen wird, kann man unterschiedlicher Meinung sein.

Wie gehen Sie damit um, wenn Sie von der Anderen Seite Negatives sehen oder hören?

Ich bekomme eigentlich nicht viele negative Botschaften. Außer wenn jemand schwer krank oder sehr alt ist, kommt diese Art Botschaft eher selten vor. Manchmal kommen kranke Menschen zu mir, die bald sterben werden, und ich weiß gleich, wie es um sie steht. Ich würde es nie sagen, aber es kann sein, dass sie mich fragen: »Wie lange habe ich noch?« Dann sage ich ihnen die Wahrheit. Ich formuliere es vielleicht so: »*Sie* sagen mir, dass es nicht mehr lange dauern wird. Sie sollten jetzt das tun, was Sie noch tun wollen.« Es kommt auch vor, dass mir jemand erzählt, sein Arzt habe gesagt, dass er noch drei Monate zu leben habe, und vielleicht höre ich etwas anderes. Dann sage ich: »Aha. Sie haben noch länger zu leben. Zumindest sagen *sie* mir das.« Ich formuliere es so, dass es der Person möglichst leichtfällt, die Information zu verkraften, aber ich gebe immer wahrheitsgetreu weiter, was ich höre. Das bin ich meinen Klienten schuldig.

Kommt es vor, dass Sie sehen, dass jemand von einem Bus angefahren werden wird?

Die Leute stellen mir wirklich solche Fragen, zum Beispiel: »Ich werde fliegen; ich bin jahrelang nicht geflogen; wird das Flugzeug abstürzen?« Manche sagen: »Gibt es etwas, das ich wissen sollte? Wird mir etwas Schlimmes passieren? Was wissen *sie*?« Solche Dinge erzählen *sie* mir nicht, weil es einiges gibt, das wir nicht wissen sollen. Manches können sie uns offenbaren, anderes nicht. Das ist individuell sehr verschieden. Ich glaube, es hat mit der Aufgabe unserer Seele zu tun und mit unserem freien Willen. Wenn Sie die Antwort auf Ihre Prüfung gesagt bekommen, lernen Sie nichts. Manchmal fühle ich, dass jemand in Sicherheit ist, und dann sage ich: »*Sie* sagen mir, dass Sie sicher sein werden, genießen Sie es!«

Ich habe sehr früh erkannt, dass man sehr behutsam sein muss, wenn man anderen Menschen etwas beibringen will. Einmal kam eine Frau für eine Sitzung zu mir und fragte: »Sind meine Kinder in Sicherheit?« Ich sah Feuer. Ich sagte: »Ich sehe kein Haus, aber ich sehe eine kleine Flamme, und *sie* raten Ihnen, auf Ihre Tochter aufzupassen.« Sie regte sich furchtbar auf und beschwerte sich, wie ich es *wagen* könne, so etwas zu ihr zu sagen. Wie könne sie ihre Tochter beschützen, wenn sie nicht wisse, was genau passieren würde und wann? Ich hatte doch nur ihre Frage beantwortet. Woraus hätte ich denn schließen sollen, dass sie es im Grunde genommen überhaupt nicht wissen wollte? Wahrscheinlich soll ich zusätzlich dazu, dass ich mit den Toten spreche, auch noch Gedanken lesen können. Im darauffolgenden Sommer schickte sie mir aber einen Brief, in dem sie schrieb, ihre Familie habe ein Grillfest veranstaltet. Ihr Mann habe gegrillt und sich mit anderen unterhalten, anstatt aufzupassen, und ihr kleines Mädchen habe neben ihm gestanden. Dann sei der Grill in Flammen aufgegangen; es habe eine Stichflamme gegeben. Sie schrie: »Tony!«, er drehte sich um und beförderte das kleine Mädchen mit einem Stoß aus der Gefahrenzone. Sie schrieb mir, es tue ihr sehr leid, dass sie mich so behandelt habe. Ich fühlte mich dann zwar besser, aber ich hatte meine Lektion gelernt. Ich denke auf jeden Fall immer daran, dass ich nicht Gott bin. Sonst fühle ich mich zu sehr unter Druck.

Ich glaube, Warnungen sind die Botschaften, bei denen man am ehesten Fehler macht. Ich höre Warnungen für mich selbst und weiß, dass ich einige Gefahrensituationen vermieden habe, weil ich mir ihrer bewusst war. John fällt es schwerer, Hilfe von der Anderen Seite anzunehmen. Eines Tages hatte ich, als er gerade zur Arbeit fahren wollte, eine Vision, dass er Probleme mit den

Bremsen haben würde, und ich bat ihn, seinen Pick-up nicht zu fahren. Er wurde ärgerlich und meinte, er wolle so einen Quatsch nicht hören. Er hatte die Bremsen an seinem Wagen erneuern lassen, sagte mir aber nicht, dass er deshalb meine Warnung nicht ernst nahm. Hätte er es mir erzählt, dann hätte ich vielleicht noch einmal überdacht, was die Vision bedeutete. Am Abend kam er kreidebleich von der Arbeit nach Hause. Er meinte: »Warum hast du mir nicht gesagt, dass ich den Pick-up *meines Bruders* nicht fahren soll?« Es stellte sich heraus, dass er, obwohl er mit mir gestritten hatte, darüber nachdachte, was ich sagte, und es doch ernst nahm. Er beschloss, seinen Pick-up im Hof stehenzulassen, und fuhr stattdessen mit dem seines Bruders zur Arbeit. Die Bremsen fielen tatsächlich aus. Gott sei Dank ist ihm nichts passiert.

Wie sollen wir mit Botschaften umgehen, die wir von einem übersinnlichen Menschen erhalten? Wie können wir eine Botschaft, die eigentlich für einen anderen Menschen gedacht ist, weiterleiten, ohne dass uns jeder für verrückt hält und ohne denjenigen zu beunruhigen?

Man muss jede Situation für sich betrachten. Ich würde nie dazu raten, einem nervösen Menschen etwas zu sagen, wenn ich weiß, dass es ihn beunruhigen wird. Wozu sollte das gut sein? Wenn Sie das Gefühl haben, dass Sie eine Botschaft jemandem so übermitteln können, dass er sie annehmen kann und zu schätzen weiß, dann tun Sie es auf jeden Fall! Die Geister wollen uns nicht in Angst und Schrecken versetzen. Obwohl sie uns nahe sein möchten, verstehen sie, dass manchen Menschen die Vorstellung, dass es wirklich Geister gibt, zu abwegig erscheint. Ihre Botschaften sollen uns trösten und beruhigen. Sie übermitteln uns nur dann Nachrichten, die man als negativ einstufen könnte, wenn sie vor irgendeiner Situation warnen wollen. Es kann sein, dass sie jemandem, der sich in einer Beziehung befindet, die außer Kontrolle gerät, die Bestätigung geben, dass etwas schiefläuft. Das ist jedoch nur als Unterstützung gedacht in einer schwierigen Situation, die der betroffenen Person im Grunde schon bekannt ist.

Weiß ein Medium, wenn jemand lügt? Flüstern Ihnen die Toten ins Ohr, und helfen sie Ihnen, Gedanken zu lesen?

Ich möchte niemanden erschrecken, aber in gewissem Maß kann ich wirklich Gedanken lesen. Doch wenn Sie darüber nachdenken, werden Sie zu dem Schluss kommen, dass Sie das auch können, zumindest ein Stück weit. Ja, manchmal flüstern mir die Toten etwas ins Ohr, aber jeder von uns merkt doch intuitiv, wenn ihn jemand hinters Licht führen will. Es gibt eben Menschen, die in dieser Hinsicht sensibler sind als andere. Seien Sie ehrlich, wenn zu Ihnen jemand sagt: »Sie sehen ja blendend aus!«, und Sie haben die ganze Nacht kein Auge zugetan, waren eine Woche lang krank, tragen Jeans und Schlafanzugoberteil und sehen in Wirklichkeit aus, als ob Sie jemand an den Haaren rückwärts durch eine Hecke gezogen hätte – merken Sie dann nicht auch, dass derjenige Ihnen nur schönreden will? Ich persönlich bevorzuge die ehrliche Version: »Concetta, meine Liebe, heute ist wohl nicht dein Tag, und deine Frisur hat auch schon mal besser ausgesehen!«

Ist es nicht schon vorgekommen, dass Sie ein ungutes Gefühl in Bezug auf eine Person hatten und ihr nicht vertraut haben, so freundlich sie auch zu Ihnen war? Vielleicht stellen sich Ihnen die Nackenhaare auf, wenn Sie diesen Menschen treffen, ohne dass Sie eindeutig sagen können warum. Oder Sie sitzen mit Ihrem Freund oder Ihrer Freundin zusammen, einer sagt etwas, und der andere erwidert: »Genau dasselbe habe ich eben auch gedacht!« Das alles sind typische Beispiele für »Gedankenlesen«, und das macht jeder von uns. Mir ist bewusst, dass ich darüber hinaus besondere Fähigkeiten besitze, die überdurchschnittlich ausgeprägt sind. Das gehört bei mir einfach dazu. Ich bin unter anderem äußerst sensibel dafür, welche Gefühle andere Menschen mir entgegenbringen. Da kann man mir nichts vormachen!

Ich erinnere mich zum Beispiel an ein Ereignis, als John und ich gerade in unser Haus in Boonton gezogen waren. Ich hielt damals gelegentlich Sitzungen, war mit meiner Arbeit aber noch nicht an die Öffentlichkeit gegangen und hatte kein Büro. Es kamen auch noch nicht regelmäßig Leute zu mir. Wir waren gerade dabei, das Haus herzurichten, und veränderten einiges, was uns beim Kauf nicht gefallen hatte. In unserem Haus gab es einen Kamineinsatz, den wir nicht so toll fanden; also setzten wir eine Anzeige in die Zeitung, um ihn zu verkaufen. Auf diese Anzeige hin kam ein Typ vorbei; er schaute ihn sich an und sagte, er wolle ihn kaufen, aber er müsse am folgenden Tag mit einem Pick-up wiederkommen.

Als ich diesen Typen sah, bekam ich Gänsehaut. Er hatte etwas an sich, das bei mir alle Alarmglocken läuten ließ. Er sagte, er würde am nächsten Morgen etwa um 9 Uhr anrufen und so gegen 10.30 Uhr mit dem Pick-up vorbeikommen. John musste am anderen Morgen zur Arbeit, aber ich sagte ihm, ich hätte bei diesem Mann ein ganz ungutes Gefühl, und John meinte, ich solle mir keine Sorgen machen, er käme um 10.30 Uhr nach Hause und würde sich um die Übergabe des Kamineinsatzes kümmern.

An jenem Abend mussten John und ich zu einer Veranstaltung, und wir kamen erst spät nach Hause. Ich lag am nächsten Morgen um kurz nach 8 Uhr noch im Bett, als ich einen lauten *Knall* hörte, als ob etwas auf meinen Nachttisch geschlagen würde. Dann hörte ich die Stimme meines Bruders Harold: »*Steh auf! Steh auf!*« Ich sprang aus dem Bett und schaute aus dem Fenster. Da sah ich diesen Typen, der über zwei Stunden zu früh da war, und ich war allein zu Hause und noch im Schlafanzug. Ich dachte: »Oh mein Gott, was mache ich jetzt?« Doch genau in diesem Moment kam John mit seinem Pick-up, fing den Typen ab, machte die Übergabe und schickte ihn weg. In diesem Fall haben alle zusammengearbeitet: mein sechster Sinn; Johns Eingebung, früher als vereinbart nach Hause zu kommen; und Harold auf der Anderen

Seite, der mich weckte. Man könnte sicher einwenden, gegen den Mann sprechen nur Indizien, aber ich muss nicht auf Beweise warten, wenn ich so ein eindeutiges Gefühl habe.

Kann ein Medium seine Fähigkeit für unehrliche Zwecke nutzen? Würde die Andere Seite zum Beispiel mitmachen, wenn Sie jemanden ausspionieren wollten?

Ich kann hier nur für mich selbst sprechen, weil ich nicht weiß, welche Beziehung andere Medien zu Geistern auf der Anderen Seite haben. Mein persönliches Gefühl und meine Erfahrung deuten darauf hin, dass *sie* mir helfen, solange ich meine Fähigkeit für das Gute einsetze. Ich glaube, wenn ich mit ihrer Hilfe egoistische Ziele verfolgen oder mich unrechtmäßig bereichern würde, dann würden sie mich verlassen. Ich denke schon, dass der Anderen Seite bewusst ist, dass wir hier auf der materiellen Seite unseren Lebensunterhalt verdienen müssen, und ich habe auch nicht das Gefühl, dass sie mir das übelnehmen. Aber ich versuche, ein gesundes Gleichgewicht herzustellen. Ich versuche, etwas zurückzugeben. Es funktioniert nicht nach dem Prinzip »Eine Hand wäscht die andere« oder »Ich gebe euch etwas zurück, wenn ihr mir helft«. Ich habe einfach das Gefühl, dass es richtig ist, nicht nur zu nehmen. Ich bin sehr dankbar für das gute Leben, das ich führen kann, und ich möchte aus meiner

Fähigkeit keinen ungerechtfertigten Vorteil ziehen. Könnte ein anderes Medium seine oder ihre Fähigkeit ausnutzen, um einen Vorteil für sich herauszuschlagen oder etwas zu tun, das nicht dem Guten dient? Ich weiß es nicht. Ich kann nur für mich sprechen.

Welche Botschaften sind am häufigsten, besonders wenn jemand ohne bestimmte Fragen zu Ihnen kommt?

In fast jeder Sitzung schickt der Geist oder die Geister, mit denen ich in Verbindung bin, Botschaften der Liebe. Unabhängig davon, ob sie in der Lage waren, es hier auf dieser Seite auszudrücken, empfinden sie das für uns. Häufig wünschen sie jemandem alles Gute zum Geburtstag. Sie zeigen mir, dass gerade ein Geburtstag war oder dass einer bevorsteht. Sie sagen vielleicht, wie stolz sie auf jemanden sind – einen Sohn, eine Tochter oder ein Enkelkind –, der auf einem Gebiet erfolgreich ist, zum Beispiel in der Schule, bei der Arbeit oder einfach, weil er oder sie ein wunderbarer Mensch ist. Sie sind stolz auf uns, wenn wir uns umeinander kümmern, freundlich mit anderen umgehen und helfen, wo wir können. Sie beobachten den Fortschritt, den wir machen, und sehen, wie wir das Leben anderer verändern.

Manchmal sprechen sie auch Warnungen aus. Es kommt häufig vor, dass sie mir für ein Familienmitglied die Botschaft übermitteln: »Hör auf zu rauchen!«, oder sie haben das Gefühl, dass die Familie zu hart mit einem Kind umgeht, weil sie es nicht richtig versteht, und sind deswegen beunruhigt. Sie sagen dann zum Beispiel: »Lass die Kleine in Ruhe!« Oder: «Es ist nicht so, wie du denkst.«

In einigen Fällen kommt jemand im Diesseits nicht über den Verlust eines lieben Menschen hinweg. Er weigert sich einfach, Heilung zuzulassen. Diese Person trifft damit eine Entscheidung, ist sich dessen möglicherweise aber nicht bewusst. Sie weigert sich, das Leben zu wählen. Viele Menschen, denen es so geht, meinen, wenn sie sich dafür entscheiden, weiterzuleben und glücklich zu sein, beleidigen sie die Toten. Doch unsere lieben Verstorbenen wollen überhaupt nicht, dass wir nicht glücklich sind! Wir können sie lieben und an sie denken und trotzdem weiterleben und auf dieser Seite Freude empfinden. Das wollen sie für uns! Sie haben nichts davon, wenn es uns schlechtgeht, und das werden sie uns mit Sicherheit mitteilen.

Meist wollen sie ihre Lieben hier einfach wissen lassen, wie sehr sie von denen, die schon hinübergegangen sind, noch immer geliebt werden.

Werden in jeder Sitzung Voraussagen gemacht?

Um ehrlich zu sein, das ist nicht immer der Fall. Es hängt wirklich davon ab, welche Fragen der Klient oder die Klientin mitbringt. Sehr häufig möchte eine Klientin nur

Kontakt aufnehmen. Andere wiederum wollen wissen: »Werde ich heiraten?«, »Werde ich ein Baby bekommen?« Solche Voraussagen werden häufig gemacht, und oft bieten die Geister diese Informationen an, ohne dass ich danach frage. Die Geistwesen sagen zum Beispiel auch, dass der Klient oder die Klientin gesund ist und lange leben wird – das ist eine eher allgemeine Voraussage, aber durchaus wertvoll. Es kann sein, dass sie wissen, dass meine Klientin eine Reise vorhat, und sie mir mitteilen, dass sie sicher reisen wird. Das kann viele Bedenken zerstreuen. Sie könnten aber auch sagen: »Sie werden Zwillinge bekommen.« Das würde wahrscheinlich einige Bedenken *auslösen!*

Treffen Ihre Voraussagen immer ein?

Ich würde es so formulieren: Die Umstände sprechen immer dafür, dass die Voraussage eintrifft, aber die Menschen können sich natürlich frei entscheiden. Wenn ein Geist uns sagt, dass wir heiraten werden, können wir davon ausgehen, dass jemand auf uns wartet. Aber wir Menschen sind in der Lage, dem Schicksal Knüppel zwischen die Beine zu werfen, auch wenn wir uns etwas noch so sehr wünschen. Wir begehen manchmal den Fehler, uns eine feste Vorstellung davon zu machen, wie das Vorausgesagte sein wird. Vielleicht geht eine junge Frau schon lange mit einem Mann aus und bittet mich, ihre tote Großmutter zu fragen, ob sie heiraten wird. Ich teile ihr mit: »Oma sagt ja.« Dann zerbricht die Beziehung zwischen ihr und ihrem Freund (oder Verlobten), und sie denkt sich: »Concetta Bertoldi hält sich wohl für besonders schlau!« Kurz darauf trifft sie einen anderen Mann, in den sie sich unsterblich verliebt, und im Handumdrehen stehen die beiden vor dem Traualtar. Oma ist rehabilitiert, ich bin rehabilitiert.

Wie lange dauert es von dem Zeitpunkt der Voraussage, bis das Vorhergesagte eintritt?

Darauf gibt es keine allgemeingültige Antwort. Manchmal tritt eine Voraussage sofort ein, ein anderes Mal dauert es Jahre. Die Puzzleteile sind alle da, aber wir müssen bereit sein. Wir müssen aufpassen, dass wir uns nicht selbst Steine in den Weg legen. Wir sollten offen sein und uns nicht zu große Mühe geben, alles selbst hinzubekommen, weil das in die falsche Richtung führen kann.

Sie dürfen nicht vergessen, dass Zeit auf der Anderen Seite keine Bedeutung hat. Hier im Diesseits sind wir lediglich durch die Länge unseres Erdenlebens und die Möglichkeiten des menschlichen Körpers eingeschränkt. Wenn Sie eine Frau sind und die Voraussage lautet, dass Sie ein Kind haben werden, dann wird das normalerweise geschehen, bevor Sie zu alt dafür sind. Diese Grenze ändert sich jedoch durch die Entwicklung auf dem Gebiet der Fortpflanzungsmedizin. Wenn die Voraussage lautet, dass wir uns verlieben und heiraten werden, so könnte das durchaus noch geschehen, wenn wir im Altenheim mit anderen um ein Klavier versammelt sind und Lieder singen. Meist passiert es aber früher!

Erinnern Sie sich an die Sitzungen, die Sie gehalten haben?

Nein, ich erinnere mich nie daran. Man muss bedenken, dass ich in einem unterbewussten Zustand bin; es ist eher wie ein Traum, mit dem man eigentlich nicht viel anfangen kann und an den man sich deshalb auch nicht erinnert. Man könnte auch sagen, es ist, als würde man zufällig Teile eines Gesprächs mitbekommen. In dem Moment, in dem man es hört, interessiert es einen vielleicht oder man ist ein wenig neugierig, aber bald vergisst man das Gehörte völlig, weil man die Leute nicht kennt und es mit einem selbst nichts zu tun hat. Wir erinnern uns nur an die Dinge, die irgendeinen Bezug zu uns haben. Es kommt oft vor, dass mich jemand, der eine Sitzung bei mir hatte, daran erinnert, was ich gesagt habe. Auf diese Weise konnte ich viele interessante Geschichten sammeln. Manche Klienten erzählen mir noch am selben Tag, direkt nach der Sitzung, wenn ich wieder bei normalem Bewusstsein bin, was ich gesagt habe. Oft bekomme ich auch Briefe von Menschen, für die ich eine Sitzung gehalten habe. Auf diese Weise gehört die Botschaft eher zu mir, weil die Person sie mir sozusagen übergeben hat.

Dann ist es anders, als wenn ich sie nur im Vorbeigehen höre.

Gehen Sie überhaupt zu Beerdigungen?

Ich bin bei Beerdigungen gewesen, aber es fällt mir wirklich schwer. Ich sehe nicht gerne tote Körper. Ich weiß, dass manche Menschen möglicherweise daran Anstoß nehmen, aber für mich ist eine Leiche in einer Kiste nur noch verwesendes Fleisch. Das ist nicht die Person – die Seele, die die Person ausmachte, ist gegangen. Beerdigungen sind auch sehr laut für mich. Viele Verwandte schweben im Umkreis der Begräbnisfeier, weil die ganze Familie da ist. Für die Geistwesen ist es genau so, als würden sie zu einem Grillfest oder einem Familientreffen gehen. Ich empfinde die vielen Geister jedoch als überwältigend.

Sind die Toten bei ihrem eigenen Begräbnis dabei?

Natürlich sind sie dabei. Sie sind aber nicht dabei, um zu kontrollieren, wer kommt und wer nicht oder ob man gut über sie spricht. Sie wollen einfach bei der Familie sein. Gleich wenn wir hinübergehen, wird uns versichert, *dass wir nie von denen getrennt werden, die wir lieben.* Niemals. Wir werden immer die Möglichkeit haben, im Geiste (und das ist wörtlich zu nehmen) bei unseren Lieben zu sein. Die Geistwesen sind bei jeder Familienzusammenkunft dabei. Es spielt keine Rolle, dass es sich um ein Begräbnis handelt. Sie sind nur da, weil sie gerne bei uns sind.

Sind die Toten traurig, wenn wir bei ihrer Beerdigung nicht weinen?

Nein, sie sind nicht traurig. Siehe vorherige Frage. Die Toten sitzen nicht auf einer Wolke, schauen herunter und urteilen über uns: »Na ja, *jetzt* weiß ich, was sie *wirklich* für mich empfunden hat!« Oder: »Mensch, der hat meinen Tod aber schnell verschmerzt!« Sie wollen, dass wir glücklich sind. Ich bin mir nicht sicher, ob sie es *schätzen* würde, wenn ein Witwer mit seiner heimlichen Freundin am Arm auf der Beerdigung seiner Frau auftauchte. Ich weiß nicht, ob dieser Kerl wirklich behaupten könnte: »Meine Frau hätte es so *gewollt*«, aber die Toten würden auch solch ein Verhalten verstehen. Sie kennen dann die Hintergründe ihrer eigenen Ehe und wissen, welche Funktion die neue Beziehung in Bezug auf das Karma hat. Tränen werden jedoch überhaupt nicht erwartet. Im Gegenteil, sie finden es viel besser, wenn wir lächeln oder lachen.

Gibt es etwas, das sich die Toten von uns wünschen – beim Leichenschmaus, beim Begräbnis oder beim Gedenkgottesdienst?

Ja, das gibt es in der Tat. Sie wünschen sich, dass wir so schnell wie möglich wieder lächeln. Sie möchten, dass wir glücklich sind, wenn wir an sie denken. Es ist wirklich schlimm für sie, für die Trauer eines Menschen verantwortlich zu sein. Ich bin überzeugt, dass ihnen ein fröhlicher Abschied sehr gut gefallen würde. Die Moderatorin und Sängerin Tammy Fae Bakker zum Beispiel hat einen solchen tatsächlich bekommen! Sie war ein guter Mensch, hat immer ihr Bestes gegeben, und sie wusste, wohin sie gehen würde. Sie wollte nicht, dass man um sie trauert, sie wollte eine Party. Sie wünschte sich von ihrem Mann für die Beerdigung Luftballons, und ihr Mann füllte die Kirche damit! Ich bin allerdings auch nur ein Mensch. Ich verstehe, dass das nicht immer einfach ist.

Können Sie das »Geplapper« von der Anderen Seite jemals abstellen?

Nicht vollständig – ich bin immer mit ihnen zusammen. Aber das ist ungefähr so, wie wenn man Bus fährt und alle Sitze um einen herum besetzt sind, aber es wird nicht die ganze Zeit gesprochen. Ich habe allerdings so gut wie keine Kontrolle darüber, wann ein Gespräch beginnt. Ich hatte mein ganzes Leben lang das Gefühl, dass ich ein Geheimnis kenne, das keiner sonst kennt. Da fällt mir ein, vielleicht ist es so ähnlich, wie wenn man schwanger ist und immer ein anderes Wesen in sich trägt, das mit einem kommuniziert.

Auf jeden Fall kommt es auch vor, dass ich nachts von einem Toten oder mehreren aufgeweckt werde – manchmal veranstalten sie eine richtige Party. Einmal hatte ich am folgenden Tag einen Sitzungstermin mit einem Mann (er war ein Skeptiker, wenn auch kein unausstehlicher), und ich vermute, sein Vater wollte die ganze Sache etwas beschleunigen. Er besuchte mich in der Nacht und stellte sich vor. Doch dabei blieb es nicht. Er hatte eine ganze Menge Kumpel dabei, die er mir zeigen wollte, und er machte mich mit *jedem Einzelnen* bekannt. Dann sagte er: »Wenn du mit meinem Sohn sprichst, erwähne die Brille. Er weiß dann schon, was gemeint ist.« Er stellte mir in jener Nacht so viele Leute vor, dass ich kaum zum Schlafen kam. Am folgenden Tag, als sein Sohn die Sitzung hatte, sagte ich: »Ihr Vater hat mich letzte Nacht überhaupt nicht schlafen lassen. Er hat mir all seine Freunde vorgestellt. Hatte er einen Kreis wirklich guter Freunde?« Der Mann war erstaunt. Er bestätigte, dass sein Vater sein Leben lang einen festen Freundeskreis gehabt hatte. Die meisten seiner Freunde waren inzwischen auf die Andere Seite hinübergewechselt. Sie hatten sich regelmäßig getroffen, zum Beispiel, um Karten zu spielen. Ich sagte: »Nun, Ihr Vater hat sich nicht sehr verändert, und es wird Sie freuen zu hören, dass die Party weitergeht.« Dann meinte ich: »Er hat mich gebeten, Ihnen gegenüber die Brille zu erwähnen. Wissen Sie, wovon er spricht?«

Der Mann erwiderte: »Oh mein Gott, ich habe vor einigen Jahren auf einem Flohmarkt eine alte Brille entdeckt, die genauso aussah wie die, die mein Vater immer trug. Ich ließ Gläser in der Stärke, die mir verschrieben wurde, einsetzen und habe sie jahrelang getragen. Irgendwann ist sie dann kaputtgegangen, und ich habe sie in eine Schublade gelegt. Vor ein paar Tagen fand ich sie in der Schublade und nahm sie heraus und sagte zu meiner Frau: »Ich würde gerne wieder so eine Brille haben, aber ich glaube nicht, dass ich noch einmal das gleiche Gestell finde.« Ich vermute, danach hatte dieser Mann seine Skepsis abgelegt.

Hin und wieder sehe ich die Geister auch, und ich kann Ihnen versichern, dass einen fast der Schlag trifft, wenn man aufwacht und jemanden im Schlafzimmer sieht, der da nicht hingehört. Jedes Mal, wenn *ich* aufwachte, weckte ich natürlich *John* auf und bat ihn nachzusehen, wer dieses Mal im Wandschrank oder im Flur war. Eigentlich war das unsinnig, weil John keine Geister sieht und nicht gerade begeistert davon war, durch etwas, das es für ihn gar nicht gibt, vom Schlafen abgehalten zu werden. Es reichte ihm irgendwann, und er beschloss, eine sehr zuverlässige Alarmanlage in unser Haus einzubauen. Wir schalten sie immer an, wenn wir zu Bett gehen, und wenn ich dann aufwache und jemanden in meinem Zimmer sehe, ohne dass der Alarm ausgelöst wird, dann weiß ich, dass es ein Toter ist, und ich drehe mich einfach um und schlafe weiter.

Wie können Sie wieder einschlafen, nachdem Sie von einem Toten geweckt worden sind?

Ich bin einfach an sie gewöhnt. Sie stören hin und wieder, aber ich habe keine Angst vor ihnen, obwohl ich manchmal einen Satz mache oder einen Schrei fahrenlasse, wenn sie mich erschrecken. Bevor wir die Alarmanlage hatten, war ich mir manchmal nicht sicher, ob es wirklich ein Verstorbener war, und dann hatte ich schon Angst. Wo wir gerade beim Thema Schlaf sind: Es ist mir nicht klar, ob sie kein Zeitgefühl haben oder einen ausgesprochen seltsamen Sinn für Humor, jedenfalls scheint es ihnen Spaß zu bereiten, mich vom Schlafen abzuhalten. Auch wenn es heiß ist, brauche ich eine Decke, weil sie mich gerne antippen oder berühren. Eines Nachts ließ ein Geist meine Zehen nicht in Ruhe; er zwickte mich immer wieder. Ich wurde richtig sauer, zog die Decke über meine Füße und zischte: »*Würdest du das bitte lassen?*« Danach spürte ich nichts mehr und konnte schlafen. Doch sie waren noch nicht fertig mit mir …

Ich bin ein ziemlich ordentlicher Mensch und in bestimmten Dingen sehr gewissenhaft, zum Beispiel mit meinen Hausschuhen. Ich ziehe sie immer aus und lasse sie dann nebeneinander vor meinem Bett stehen mit den Spitzen nach außen, so dass ich, wenn ich aufstehe, einfach mit den Füßen hineinschlüpfen und loslaufen kann. Am folgenden Morgen stand ich auf, und meine Hausschuhe waren nicht da, wo ich sie ausgezogen hatte. Manchmal geht John durch das Zimmer und stolpert über einen, und dann stehen sie nicht ganz genau da, wo sie sonst immer stehen. Doch an jenem Morgen waren beide Hausschuhe spurlos verschwunden. Ich suchte sie überall, in jeder Ecke. Schließlich entdeckte ich sie – sie waren hinter meinem Nachttisch. Es konnte absolut nicht sein, dass die Pantoffeln zufällig dorthin geraten waren. Der Tisch ist groß und schwer, und ich musste ihn einen Meter von der Wand wegrücken, um dahinterzukriechen und die Schuhe hervorzuholen. Beide Hausschuhe waren ordentlich nebeneinandergestellt, parallel zur Wand. Ich zerrte an dem Tisch, um an sie heranzukommen, und es wunderte mich, dass ich keinen Geist kichern hörte!

Macht es Ihnen nichts aus, dass dauernd Tote in Ihrem Schlafzimmer sind? Wie gelingt es Ihnen, so unbefangen zu sein?

Ich wundere mich immer wieder, wie oft ich solche Fragen gestellt bekomme. Die Menschen haben große Hemmungen, besonders, was ihren Körper angeht. Sie verstehen einfach nicht, dass es den Toten gleichgültig ist. Geister kämen gar nicht auf die Idee, über dieses Thema so zu denken wie wir. Sie beobachten uns nicht heimlich und geben auch keine Kommentare ab. Es ist ihnen völlig gleichgültig, ob wir einen wohlgestalteten Körper oder von oben bis unten Cellulite haben. Stellen Sie sich vor: Die Geister sind im Paradies. Hat Gott Adam und

Eva in Designerjeans in den Garten Eden gesetzt? Soweit ich mich erinnere, nicht. Und soweit ich weiß, beurteilen sie unsere Leistungen nicht und geben uns auch keine Extrapunkte für einen »hohen Schwierigkeitsgrad«.

Ich habe nicht das Gefühl, dass ich an mir arbeiten muss, um ihre Gegenwart in meinem Schlaf- und Badezimmer nicht als störend zu empfinden. Vielleicht bin ich einfach so. Ich bin in dieser Hinsicht ziemlich unverkrampft. Ich will damit nicht sagen, dass ich nackt an einem Strand auftauchen würde. Aber es würde mir nichts ausmachen, wenn mich jemand im Bikini sieht und fett findet. Es ist mir einfach egal.

Wie können uns die Toten überhaupt beobachten – ohne physischen Körper und ohne Augen?

Um ehrlich zu sein, ich kann das nicht wissenschaftlich erklären. Vielleicht wird es deutlicher, wenn ich sage, sie *nehmen uns wahr*, sie sind sich unser *bewusst* – unserer Gedanken, unserer Handlungen. Es ist nicht so, dass sie uns anstarren; sie sind einfach allwissende Energie.

Wenn jemand mehrere Sitzungen erhält, bekommt er oder sie dann unterschiedliche Informationen? Ist es sinnvoll, eine gewisse Zeit verstreichen zu lassen, bevor man wieder mit der Anderen Seite kommuniziert?

Ja, natürlich sind die Botschaften verschieden, aber einige werden sich auch überschneiden. In den meisten Sitzungen übermitteln sie Botschaften der Liebe, und das ändert sich auch nicht von einem zum anderen Mal. Die Toten da drüben sind aber immer auf dem neuesten Stand. Sie sehen alles, und deshalb werden sie Ihnen nicht immer wieder dasselbe sagen. Ihr Leben entwickelt sich weiter, und entsprechend wird es auch neue Informationen geben. Ich würde nicht empfehlen, öfter als einmal im Jahr eine Sitzung zu haben. Auf diese Weise bleibt es unterhaltsam.

Haben Sie Bedenken, dass Klienten von Sitzungen abhängig werden könnten und die Kommunikation mit der Anderen Seite dazu benutzen, ihr eigenes Leben zu verdrängen?

Das kommt durchaus vor, und ich würde versuchen, diejenigen, die das tun, davon abzubringen. Wir können von fast allem abhängig werden, parapsychologische Sitzungen sind nicht ausgenommen. Wir sind hier, um Herausforderungen anzunehmen, zu lernen und uns Prüfungen zu stellen. Wir können nicht zu einem Medium gehen und die Antworten auf unsere Prüfungen dort suchen. Genauso wenig sollten wir uns völlig auf einen Therapeuten verlassen und erwarten, dass er unser Leben für uns in den Griff bekommt, oder davon abhängig sein, dass uns ein Freund sagt, was wir denken oder tun sollen. Ich glaube, Medien, Therapeuten und Freunde gehören in die gleiche Kategorie, und doch gibt es eindeutige Unterschiede. Sie alle können uns Bodenhaftung geben, wenn wir sie brauchen, aber sich zu sehr auf den Rat von jemandem aus einer dieser drei Gruppen zu verlassen ist einfach ungesund.

Wissen die Toten, wen wir einmal lieben werden?

Von allen Fragen, die man mir stellt, sind das die häufigsten: »Werde ich heiraten?«, »*Wann* werde ich heiraten?«, und: »*Wen* werde ich heiraten?« (Diese Frage kann ich leider nicht immer beantworten.) Babys stehen an zweiter Stelle, aber darüber sprechen wir später.

Um auf die obengenannte Frage zurückzukommen: Ja, sie wissen es. Bei einer privaten Veranstaltung, die ich für eine kleine Gruppe hielt, erzählte mir eine der Frauen, dass sie schon einmal eine Sitzung bei mir gehabt hatte und ich hätte ihr gesagt, sie würde einen Mann namens

»J« oder »James« kennenlernen und der Kontakt käme durch einen »Al« zustande. Sie hatte mir nicht geglaubt, weil sie damals keinen Al kannte. Kurz darauf starb eine Freundin von ihr, und beim Leichenschmaus lernte sie einen Allen kennen. Er war ebenfalls ein Freund der Freundin, die gestorben war. Aufgrund dieser Verbindung blieben sie in Kontakt, und sie freundete sich sogar mit anderen Leuten an, die sie durch Allen kennenlernte – einer von ihnen war James, und die beiden wurden tatsächlich ein Paar.

Meine Assistentin Elena ist ein weiteres Beispiel. Sie war mit einem Mann befreundet, der ihr viel bedeutete, aber sie hörte von der Anderen Seite, dass er nicht der Richtige für sie sei und dass sie einen anderen Mann kennenlernen und innerhalb von »zwölf« heiraten würde (ich legte die »zwölf« als zwölf Monate aus, obwohl auch zwölf Wochen oder sogar Tage hätten gemeint sein können). Sie hat mir nicht geglaubt, aber genau so ist es geschehen.

Wissen die Toten, wen wir heiraten werden?

Abgesehen davon, dass sich jeder von uns frei entscheiden kann, haben die Geister definitiv eine Vorstellung davon und geben uns oft sogar den Namen.

Ich selbst war 28 Jahre alt und dachte nicht, dass ich einen geschiedenen Mann mit zwei Kindern heiraten würde, aber als ich John traf, sagten *sie* mir, dass er der Richtige sei. Ich wollte das eigentlich nicht auf mich nehmen. Ich wollte gern ohne »Altlasten« beginnen und obwohl ich vor längerer Zeit erfahren hatte, dass ich nie eigene Kinder haben würde, konnte ich es noch nicht akzeptieren. Ich war eigentlich nicht auf der Suche nach einer fertigen Familie. Es war alles andere als einfach, besonders in den ersten zehn Jahren. Doch ich muss ehrlich sagen, alles in allem bin ich der Überzeugung, dass John definitiv der richtige Partner für mich ist.

Manchmal geben die Toten uns mehr Rat, als wir unserer Ansicht nach brauchen, aber wir sollten darauf vertrauen, dass ihnen unser Wohlergehen wirklich am Herzen liegt. Vor einigen Jahren nahm ich die Dienste einer Frau in Anspruch, von der ich gehört hatte, sie verstehe etwas von Raumgestaltung mit Farben und sei eine gute Innendekorateurin. Kim und ich wurden Freundinnen und während sie in meinem Haus arbeitete, bekam sie mit, welchem Beruf ich nachging. Sie war skeptisch, aber neugierig. Sie beschloss, einen Termin mit mir zu vereinbaren; damals betrug die Wartezeit nur fünf Monate. Während der Sitzung erschien ihr Vater und sprach sofort davon, dass sie zu viele Jahre in einer Ehe ausgehalten hatte, in der sie misshandelt wurde. Er riet ihr, sie solle ihren Mut zusammennehmen und ihren Mann verlassen. Ich muss zugeben, dass Kim seinen Rat sehr ernst nahm. Sie wusste tief in ihrem Herzen, dass ihr Vater recht hatte, und konnte sich, spirituell gesehen, an seine Schulter lehnen und sich die Kraft holen, die sie brauchte, um ihre Ehe zu beenden. Die Botschaft aus dem zweiten Teil der Sitzung wollte sie allerdings überhaupt nicht hören. Nach

21 Jahren in einer unglücklichen Beziehung konnte Kim nicht glauben, dass sie je wieder heiraten würde. Als ihr Vater ihr versicherte, sie würde wieder heiraten und dieses Mal eine glückliche Ehe führen, und ihr sogar den Namen des Mannes nannte, den sie heiraten würde, war sie richtig sauer. Ich denke, es hörte sich für sie zu sehr wie ein Märchen an, so als ob ich ihr genau das erzählen würde, was sie meiner Meinung nach hören wollte. Acht Monate später wurde die Voraussage ihres Vaters jedoch tatsächlich wahr. Kims zweiter Ehemann hatte in seiner vorherigen Ehe ähnliche Probleme gehabt, daher herrschte von Anfang an ein gutes Einvernehmen zwischen den beiden. Ich fühlte mich geehrt, als Kim und ihr Mann mich baten, an ihrem Hochzeitstag eine Sitzung zu halten. Sie sind bis heute glücklich verheiratet.

Kommt es vor, dass die Andere Seite zwei Menschen zusammenführt?

Sie helfen uns dabei, Liebe zu finden. Sie führen Menschen in Ihre Nähe, von denen sie glauben, dass sie gut zu Ihnen passen, aber die Entscheidung müssen Sie selbst treffen. Sie können annehmen oder ablehnen. Wir leben in einer Gesellschaft, die sehr viel Wert auf die Äußerlichkeiten legt, und ich glaube, bei vielen Bekanntschaften stehen oberflächliche Gründe im Weg und verhindern, dass man sich näher kennen- und lieben lernt. Wir sagen: »Ich finde ihn – oder sie – einfach nicht anziehend«, aber Anziehung findet nicht ausschließlich über das Aussehen statt. Wenn wir uns aufgrund von Äußerlichkeiten wie Kleidung oder Frisur ein vorschnelles Urteil bilden, bekommen aussagekräftigere Eigenschaften nie eine Chance, beachtet zu werden.

Ich habe von Klienten viele Geschichten gehört. Sie erzählen mir zum Beispiel, ihr Ehepartner sei gestorben und sie hätten jemanden kennengelernt, dessen Partner auch gestorben sei. Als sie sich über ihre tote Ehefrau oder ihren verstorbenen Mann unterhielten, entdeckten sie alle möglichen merkwürdigen Verbindungen, verrückte Dinge, die sie gemeinsam hatten. Ich interpretiere das so, dass die beiden toten Ehepartner auf der Anderen Seite ihre Köpfe zusammengesteckt und einen Plan ausgeheckt hatten, wie sie die Witwe und den Witwer zusammenbringen könnten. Es kann auch jemand aus der erweiterten Familiengruppe auf der Anderen Seite gewesen sein. Es funktioniert wirklich so. Es liegt ihnen sehr am Herzen, dass wir glücklich sind!

Können die Toten uns davor bewahren, in einer Beziehung Fehler zu machen?

Schon, aber meist tun sie es nicht. Wir sind hier, um Fehler zu machen und aus ihnen zu lernen. Manche Menschen haben festgestellt, dass es sinnvoll ist, sich mit seinen Geistführern abzustimmen und auf das »Wissen« zu hören, das sie anbieten, anstatt seine Entscheidungen aufgrund des eigenen Wunschdenkens zu treffen. Sie geben uns Zeichen, aber meist verstehen sie, dass wir gewisse Erfahrungen machen müssen, um unsere Lektionen zu lernen. Ich war zum Beispiel einmal mit einem Typen zusammen, der sehr gut aussah, aber eigentlich ein echter Trottel war. Er hörte nicht zu und war, spirituell gesehen, etwas beschränkt. Die Geistwesen teilten mir mit, er sei nicht der Richtige, aber ich lernte durch diese Beziehung etwas (vielleicht er auch). Hier kommt meine Erkenntnis: Manche Typen haben einen knackigen Hintern, sind aber völlige Idioten.

Wenn wir jemanden kennenlernen, hat das immer einen Grund. Eine Liebesbeziehung kann karmische Gründe haben, und *sie* werden uns diese Erfahrungen nicht vorenthalten.

Wissen die verstorbenen Verwandten meines Ex, dass ich ihn noch immer liebe? Werden sie ihm erzählen, dass ich drei Jahre lang nicht über ihn hinweggekommen bin, wenn wir beide auf die Andere Seite gehen?

Natürlich wissen sie das. Doch sie müssen es ihm nicht erzählen, wenn er dort ankommt, weil er es selber wissen wird. Er wird verstehen, warum Sie beide diese Verbindung eingegangen sind. Sowohl das Zusammenkommen als auch die Trennung haben karmische Gründe. Die Beziehung hat mit Ihren beiden Einzelschicksalen zu tun, die Sie auf dem Spielfeld Ihrer freien Entscheidungsfähigkeit gestalten. Vieles hat Wurzeln in einem vergangenen Leben, aber man wird auf dieser Seite nicht hören: »Ich muss dich verlassen, weil du mich hintergangen und mein Geschäft ruiniert hast, als wir das letzte Mal hier waren.« Es wird eher heißen: »Ich verlasse dich, weil du mich nervst. Du kannst keine einzige Minute den Mund halten.« Tief in unserem Inneren kennen wir die wahren Gründe, aber wir haben keinen bewussten Zugang zu ihnen, auch wenn sie unser Verhalten stark beeinflussen.

Gibt es wirklich so etwas wie verwandte Seelen?

Ich glaube definitiv, dass es verwandte Seelen gibt. Doch die meisten Menschen haben eine falsche Vorstellung davon, was eine verwandte Seele ist. Wir waren früher mit allen Menschen, die in unserem Leben sind, schon einmal verbunden, aber in anderen Beziehungen. Es kann zum Beispiel sein, dass Sie früher die Mutter Ihrer Mutter waren. Ihr Bruder in diesem Leben könnte in einem früheren Leben Ihr Vater gewesen sein. Ich weiß, dass ich in einem vorherigen Leben mit meinem Vater verheiratet war. Ich bin mir hundertprozentig sicher. Wir müssen verstehen, dass verwandte Seelen nicht immer ein Mann und eine Frau (oder zwei Männer oder zwei Frauen) sind, die sich kennenlernen, heiraten und die bestmögliche, innigste Beziehung erleben. Das ist eine Phantasievorstellung. Jemand, der Ihr Seelengefährte ist, spielt in diesem Leben womöglich eine ganz andere Rolle, und die Tatsache, dass Sie nie in einer Zweierbeziehung zusammenkommen, sagt nicht, dass die Person nicht Ihr Seelengefährte ist. Dieses Mal ist sie vielleicht ein Elternteil, Kind, Schwester, Bruder oder lieber Freund. Wir denken immer, wenn wir unseren Seelengefährten kennenlernen, dann heiraten wir sie oder ihn. In Wahrheit ist das nicht in jedem Leben hier auf der Erde möglich.

Gibt es für jeden Menschen einen Seelengefährten?

Ja, so ist es. Doch ich möchte noch einmal betonen, dass wir unseren Seelengefährten nicht jedes Mal treffen. Manchmal haben wir eine Lektion zu lernen oder eine Lebensaufgabe zu erfüllen, die bedeutet, dass wir in diesem Leben nicht mit dem perfekten Gegenstück unserer Seele zusammen sind. Dann müssen wir uns alles erzählen, wenn wir auf die Andere Seite kommen. Doch wenn es für uns so bestimmt ist, dass wir auf dieser Seite mit unserem Seelenfreund zusammen sind, dann ist das die schönste und erstaunlichste Erfahrung, die man sich vorstellen kann.

Mushys Oma und Opa (ihre Großeltern mütterlicherseits) waren ein Herz und eine Seele. Sie waren 68 Jahre verheiratet, und der eine vervollständigte die Sätze des anderen. Auch wenn sie sich in einem Zimmer mit vielen

Stühlen und Sofas aufhielten, saßen sie immer so eng nebeneinander, dass kein Blatt zwischen sie gepasst hätte. Oma war vier Jahre älter als Opa. Sie begegneten sich zum ersten Mal während des russischen Bürgerkriegs. Er war zehn oder elf, lebte auf der Straße und litt Hunger. Sie war dreizehn oder vierzehn, lebte bei ihren Eltern und brachte ihm immer Essen. Er sagte, sie habe ihm das Leben gerettet. Opa war sehr fleißig. Als er fünfzehn Jahre alt war, verdiente er gutes Geld, und als er achtzehn war, fand er, er habe genug, um sie zu fragen, ob sie ihn heiraten wolle. Er machte ein Vermögen, aber als sie sich entschlossen, nach Amerika auszuwandern, wurde ihnen alles weggenommen, was sie verdient und aufgebaut hatten. Doch als sie nach Amerika kamen, arbeitete Opa wieder hart und machte noch einmal ein kleines Vermögen. Er sagte aber immer, all sein Erfolg sei Omas Verdienst.

Mushy hatte eine sehr enge Beziehung zu ihren Großeltern, und sie hatte noch nie einen Menschen verloren, der ihr so nahestand. Ihre Großeltern hatten für ihr Alter eine ziemlich robuste Gesundheit, doch als er 83 und sie 87 Jahre alt war, zeigten sich bei ihr die ersten gesundheitlichen Probleme. Eines Tages hörte ich die Geister sagen, dass Mushys Oma sterben würde. Ich wusste, dass Oma mit ihren Eltern auf der Anderen Seite redete. Als ich es Mushy erzählte, wollte sie es nicht glauben, aber sie war doch ein wenig besorgt und erzählte es ihrer Mutter, die es mit dem Satz »Das kann ich mir nicht vorstellen« abtat. Zwei Tage später starb Oma.

In jener Woche hörte ich vor der Beerdigung noch einmal von der Anderen Seite. Ich sagte Mushy, dass sie stark sein müsse, da Opa auch sterben würde. Am Tag der

Beerdigung machte sich Mushy große Sorgen und wollte Opa nicht allein nach Hause gehen lassen. Sie versuchte, ihn zu überreden, mit ihr und ihrem Mann Bob nach Hause zu kommen. Er sagte zu Bob: »Du gehst heim mit deiner Frau, und ich gehe heim und bin bei *meiner* Frau.« Am folgenden Tag gingen Mushy und Bob Opa besuchen, um nach ihm zu sehen, und fanden ihn tot in seiner Wohnung. Er lag auf dem Rücken auf dem Bett, und es sah aus, als ob er seinen Arm nach etwas ausgestreckt hätte. So wie er da lag, hatten sie den Eindruck, dass er auf der Bettkante gesessen und den Arm nach dem offenen Fenster ausgestreckt hatte und dann rückwärts umgefallen war. Es war klar, dass Oma gekommen war, um ihn nach Hause zu holen.

Ich bin mir ganz sicher, dass es eine Liebe gibt, die in einem vergangenen Leben stark genug war, dass sich zwei Seelen in diesem Leben wiederfinden. Auch wenn das erst später im Leben geschieht, nach vorherigen Beziehungen oder zerbrochenen Ehen. Man kann seinen Seelenverwandten auch noch in der zweiten oder dritten Ehe treffen. Ich glaube, dass Seelenverwandte früher verheiratet waren und in anderen Leben wieder heiraten werden. Hier können verschiedene Gründe zusammenspielen. Es kann sich um karmische Lektionen handeln oder es ist einfach ein Geschenk Gottes, der die beiden wieder vereint. Ich bin mir nicht sicher.

Warum finden manche Menschen
wahre Liebe und andere nicht?

Darauf habe ich leider nicht die perfekte Antwort. Ich wünschte, ich hätte sie; das ist nämlich die Eine-Million-Dollar-Frage. Meist ist es jedoch nicht sinnvoll, sie zu stellen. Zumindest nicht, solange wir auf dieser Seite sind. Ich kenne totale Spinner, völlige Schwachköpfe, die einen Partner haben, andererseits kenne ich auch wunderbare, nette Menschen, die keinen haben. Ich kann Ihnen nicht sagen, woran es liegt. Ich weiß aber, dass es einen Grund gibt, und diesen Grund erfahren wir auf der Anderen Seite.

Ich würde Ihnen allerdings davon abraten, sich ganz darauf zu verlassen, dass die Andere Seite alles perfekt für Sie regelt. Sie dürfen mir glauben, dass die Geistwesen alles unternehmen, was in ihrer Macht steht. Immer wenn sich eine Gelegenheit ergibt, arrangieren sie etwas, um zu unserem Glück beizutragen, doch wir müssen auch auf dieser Seite etwas dazu tun. Ich habe einen Klienten, der schon mehrere Male bei mir war. Er kam zu mir, als seine erste Frau sich von ihm scheiden ließ, und als er das nächste Mal kam, war er von seiner zweiten Frau geschieden. Er fragte mich: »Concetta, kannst du mir sagen, ob ich jemals die wahre Liebe finde?« Ich sah in das grimmige Gesicht des Mannes – er hatte jedes Mal, wenn er kam, denselben Gesichtsausdruck – und antwortete: »Barney (Name geändert), hast du deine Frau jemals *angelächelt?* Du gibst mir Geld für meine Arbeit, und ich möchte dir einen Gegenwert geben. Ich werde dir nicht einfach sa-

gen, was du hören willst. Du musst dir Mühe geben. Solange du dir nicht vornimmst, ein Mensch zu werden, mit
dem man gerne zusammen ist, wird niemand mit dir zusammen sein wollen! Das hat nichts mit Magie zu tun,
lediglich mit gesundem Menschenverstand. Dieser Gesichtsausdruck würde die Seele jedes Menschen zugrunde
gehen lassen.« Wer nicht lächelt, hat schlechte Chancen.

Manche Menschen geben sich nicht die geringste Mühe,
liebenswürdig zu sein, und ich finde, einige sind auch unglaublich wählerisch. Man muss sich zuerst einmal selber
mögen und wenn man mit einem anderen Menschen
glücklich sein will, sollte man sich bewusst machen, dass
es den perfekten Partner nicht gibt. Ich habe erlebt, dass
eine Frau nicht mit einem Mann ausgehen wollte, weil
ihr seine Schuhe nicht gefielen. Das habe ich wirklich
nicht erfunden! Welche Bedeutung hat das denn für den
Lauf der Dinge? Man muss bereit sein, ein Paar Schuhe
auszutauschen, wenn sie einem nicht gefallen – es gibt ja
schließlich Schuhläden!

Was kann man sonst noch tun, um seine Chancen zu erhöhen, die wahre Liebe zu finden?

Ich möchte noch einmal betonen, dass ich nicht Gott
bin. Aber ich meine, es ist ein guter Anfang, sich selbst zu
lieben und sich dessen bewusst zu sein, dass jeder ein

Recht auf Glück hat. Schauen Sie morgens beim Zähneputzen in den Spiegel und sagen Sie sich: »Ich liebe dich! Du bist ein guter Mensch!« Und lächeln Sie! Machen Sie das jeden Morgen – so tun Sie etwas Gutes für sich und für Ihre Zähne. Manche Menschen glauben, man müsse für alles hart arbeiten, sonst sei es nichts wert. Dabei kann es so leicht sein. Schauen Sie jeden Tag in den Spiegel, und sagen Sie sich: »Ich entscheide mich dafür, glücklich zu sein.« Und lächeln Sie.

Sind wir auf der Anderen Seite noch immer mit unserem Ehepartner verheiratet?

Nicht so, wie Sie sich das vorstellen. Die Liebe eines verheirateten Paares hält ewig, aber auf der Anderen Seite sind die beiden nicht unbedingt Ehemann und Ehefrau, obwohl die Liebe bleibt. Sie sind dann zwei Energien, die einander lieben. Wenn sie auf die Erde zurückkehren, könnten sie Vater und Tochter oder Bruder und Schwester oder beste Freunde sein. Sie müssen nicht wieder Ehemann und Ehefrau sein. Es hängt ganz von der Mission ab, auf die sie Gott beim zweiten Mal schickt. Gott sagt vielleicht: »Du kannst das nächste Mal wieder mit ihm auf die Erde zurückkehren, aber ihr werdet Geschwister sein. Ich möchte, dass ihr zusammenarbeitet, um Herrn Müller oder Frau Meier die folgenden Dinge beizubringen.«

Die Verbindung bleibt auf jeden Fall erhalten. Ein Mann namens Joe, der seine Frau verloren hatte, kam zu mir in eine Sitzung und als er ging, sah ich, dass seine Frau mir ein Bild zeigte. Sie zeigte mir zwei ineinander verschlungene Ringe, die sie mit Daumen und Zeigefingern beider Hände bildete – wie zwei Glieder einer Kette. Ich sagte: »Einen Moment, Joe. Warum zeigt Ihre Frau mir das?«, und ich machte es mit meinen Fingern nach. Er strahlte über das ganze Gesicht und meinte: »Oh mein Gott.« Er erklärte mir, dass seine Frau und er gerne zusammen die Fernsehserie *Friends* angesehen hatten. In einer Folge hatten zwei Hummer ihre Scheren ineinander verhakt, und ein Schauspieler sagte zum anderen: »Hummer bleiben ein Leben lang zusammen.« Seine Frau fand das so witzig, dass sie ihm öfter dieses kleine Zeichen zeigte, zum Beispiel quer durch den Raum, wenn sie auf einer Party waren. Auf diese Weise sagte sie ihm: »Ich liebe dich.« Hummer bleiben ein Leben lang zusammen, und wir verbinden uns – auf verschiedene Weise – durch *mehrere* Leben immer wieder!

Kann man sich auf der Anderen Seite verlieben?

Ich glaube nicht, dass man sich dort verlieben kann. Ich glaube, dass wir dort mit der Liebe wiedervereint werden. Das ist nicht dasselbe wie sich verlieben – die Liebe bleibt und stirbt nicht mehr.

Eine meiner Klientinnen war völlig durcheinander, weil ihre Mutter gestorben war und ihr Vater mit einer anderen Frau ausging. Sie beklagte sich: »Er trifft sich mit einer anderen Frau, Concetta.« Ich erwiderte: »Wissen Sie, dass Ihre Mutter sich darüber freut, meine Liebe? Das ist nicht so, wie wenn man seine Frau in die Wüste schickt und sich eine neue nimmt. Er ist am Leben, und die neue Liebesbeziehung motiviert ihn, am Morgen aufzustehen. Ihre Mutter auf der Anderen Seite versteht das.« Die neue Frau könnte eine karmische Lektion für den Vater dieser Klientin sein, eine Fortsetzung seines Lebens, über die wir nichts wissen. Es gibt Menschen, die in diesem Leben drei Ehefrauen oder fünf Ehemänner hatten. Vielleicht waren sie verwitwet oder ließen sich scheiden. Auf der Anderen Seite sind alle Exfrauen und -männer zusammen. Häufig kommen sie alle auf einmal, wenn ich für jemanden eine Sitzung halte. Sie bitten mich, allen Menschen zu sagen, dass es da drüben nichts als Klarheit, Vergebung und Liebe gibt. So groß ist Gott. Auf der Anderen Seite wissen alle Seelen, warum es hier im Diesseits so gelaufen ist, wie es gelaufen ist. Sie wissen, warum etwas funktioniert hat oder nicht, und kennen den Grund, warum sie überhaupt zusammen waren.

Was geschieht mit Menschen, die auf Erden nie wahre Liebe oder eine liebevolle Beziehung erfahren durften? Werden sie Liebe erfahren, wenn sie hinübergehen?

Es ist sehr traurig, wenn jemand sein ganzes Leben auf dieser Seite verbringt, ohne je menschliche Liebe zu erfahren, aber ich weiß, dass es das gibt. Es könnte sein, dass diese Menschen geliebt wurden, aber die Person, die sie liebte, irgendwie eingeschränkt war und ihre Liebe nicht zeigen konnte. Das kann aus persönlichen oder gesellschaftlichen Gründen der Fall sein, zum Beispiel wegen eines körperlichen Handicaps. Es gibt zweifellos zahlreiche Gründe auf dieser Seite, die den Fluss der Liebe einschränken oder uns unfähig machen können, unsere Liebe zu zeigen. Auf der Anderen Seite existiert jedoch keiner dieser Hinderungsgründe. Manche Klienten waren total schockiert, als ein verstorbener Elternteil ihnen sagte, wie sehr er sie liebe, wie sehr er bedaure, dass er früher nicht in der Lage gewesen sei, ihnen das zu sagen. Sie erkannten diesen Geist kaum als die Person wieder, die sie auf der Erde gekannt hatten. Die Liebe, die wir auf dieser Seite erfahren, geht auf der Anderen Seite ewig weiter, doch es kommt noch viel besser: Auf der Anderen Seite des Schleiers ist *nur* Liebe. Dort atmen wir Liebe, so wie hier Luft. Im Diesseits erhalten uns Nahrung, Wasser und Sauerstoff am Leben – die Stoffe, die unser Körper braucht, um zu funktionieren. Dort drüben, wo wir nur aus Geist bestehen, erhält uns die Liebe.

Wenn eine Frau
ihren Vater verloren hat,
ist er dann bei ihrer Hochzeit
im Geiste bei ihr?

Das ist er ganz sicher (und auch ihre geliebte Großmutter oder Großtante oder ihr kleiner Bruder, der auf die Andere Seite hinübergewechselt ist). Ich möchte betonen, dass das überhaupt nicht im übertragenen Sinn gemeint ist. Die Toten kennen unsere wichtigen Termine, und es bedeutet ihnen viel, in allen Höhen und Tiefen unseres Lebens bei uns zu sein. Eine Hochzeit würden sie auf keinen Fall verpassen, besonders nicht die ihrer eigenen Tochter (oder ihres Sohnes). Ich habe bei Sitzungen für Klientinnen diese Frage gestellt, und die Antwort lautet ausnahmslos: »Ich werde da sein.«

Ruhen sich die Toten auch aus?

Ich weiß nicht, ob sie mal ein kurzes Nickerchen machen, aber ich glaube, dass wenigstens einige von ihnen Ruhe brauchen, wenn sie auf der Anderen Seite ankommen. Wir sind sicher recht erschöpft, wenn wir sterben – nicht nur in physischer, sondern in geistiger, emotionaler und oft auch in spiritueller Hinsicht. Mein Bruder starb an Aids und wog bei seinem Tod nur noch 36 Kilo, obwohl er groß war. Er sah schrecklich aus. Nachdem er das Diesseits verlassen hatte, hörte ich monatelang nichts von ihm. Als er schließlich zu mir durchkam, um mit mir zu sprechen, fragte ich ihn, wo er gewesen sei, und er sagte mir: »Ich war im Übergang.« Ich weiß nicht genau, was Übergang bedeutet, aber ich nehme an, es ist wie ein Ausruhen in einem göttlichen Heilbad, das manche Seelen besuchen, um sich zu stärken. Ich habe das auch von anderen gehört, und es scheint mir, als wäre dieser »Übergang« eine Art Genesungsstätte der geistigen Welt, ein Ort für Seelen, die vorübergehend besondere Zuwendung brauchen. Sie werden von Meistern begrüßt, die ihnen helfen, sich anzupassen an die neue Form des Daseins – ohne einen Körper und seine Einschränkungen und Schwächen.

Sie haben erwähnt, dass viele Seelen, die vor dem Hinübergehen körperlich beeinträchtigt waren, berichten, dass sie nun ganz heil sind. Könnten Sie das genauer erklären?

Das stimmt. Auf der Anderen Seite sind wir alle perfekt, weil wir ein Teil Gottes und eine Energieform sind. Es gibt nichts, das uns zurückhält. Es könnte zum Beispiel sein, dass mir ein Geist erzählt, dass das Bein, das wegen eines Unfalls oder einer Krankheit amputiert werden musste, wieder »nachgewachsen« ist. Das ist aber nicht wörtlich zu verstehen. Sie formulieren es nur so, weil sie wissen, dass das die Vorstellung ist, die wir von ihnen haben. Sie wollen nicht, dass wir sie mit körperlichen Mängeln in Erinnerung behalten. Ich bin mir vollkommen sicher, dass Christopher Reeve (*2004 verstorbener amerikanischer Schauspieler, Regisseur und Autor, der durch einen Unfall seit 1995 querschnittsgelähmt war*) nach all den Jahren, in denen er in seinem Körper gefangen war, als er endlich »aufrecht stehen« konnte und frei und leichter als Luft war, am liebsten nach Hause telefoniert hätte, um seinen Lieben davon zu erzählen. Wäre ihm die Möglichkeit gegeben worden, einen Werbefilm für die wunderbare Herrlichkeit Gottes zu drehen, so hätte er keine Sekunde gezögert.

Haben die Seelen auf der Anderen Seite Gesundheitsprobleme?

Nein. Zumindest keine, die mit dem Körper zu tun haben. Dort geht es um unsere spirituelle Gesundheit und unser geistiges Wohlergehen. Man könnte es ungefähr mit unserer psychischen beziehungsweise emotionalen Gesundheit hier vergleichen, zum Beispiel mit der Heilung unserer Schuldgefühle, die entstanden sind, weil wir manches lieber anders gemacht hätten. Doch das ist normalerweise schnell gelöst, wenn wir hinübergehen. Auf dieser Seite müssen wir die Gesetze des physischen Universums berücksichtigen. Man kann nicht zwanzig Jahre lang Törtchen essen und erwarten, keine körperlichen

Konsequenzen tragen zu müssen. Auf der Anderen Seite kommt man damit schon eher durch.

Haben wir zu Lebzeiten bestimmte Krankheiten, damit wir bestimmte Dinge lernen?

Ich denke schon, dass das der Fall ist, aber es ist sicher nicht so, dass alle Menschen mit der gleichen Krankheit das Gleiche lernen sollen. Manchmal ist es auch eher eine Lektion für das Umfeld des Kranken. Es entsteht ein Netzwerk aus gemeinsamen Erfahrungen, Herausforderungen und Lernprozessen. Eine schwere Krankheit trifft niemanden zufällig.

Ich möchte im Zusammenhang mit Krankheiten eines ganz deutlich sagen: Eine Krankheit ist *nie* eine Strafe für etwas, das wir getan oder unterlassen haben. Gott ist ein liebender Gott, und er bestraft uns nicht, indem er uns Leid und Schmerzen schickt. Unsere Seele hat zu allem, was ihr geschieht, eingewilligt, um ein tieferes Bewusstsein zu erlangen, das nur so erreicht werden kann. Die Seele weiß vorher nicht im Detail, was auf sie zukommt, und kann nicht genau sagen, wie die Erfahrung verlaufen wird. Es wäre gelogen, wenn ich sagen würde, dass es nie vorkommt, dass die Seele mitten in der Erfahrung wünscht, sie könnte ihre Entscheidung rückgängig machen und aussteigen. Es gibt auf der Anderen Seite keine Krankheit; würden wir sie nicht hier erleben, hätten wir keine Möglichkeit zu verstehen, wie gut es uns bei Gott geht. Die Tatsache, dass die Seele diese Entscheidung trifft, um spirituell zu wachsen, widerspricht der Überzeugung, die Schuld liege beim Opfer, die manche vertreten. Ich habe oft gehört, dass Menschen, die nicht verstehen, wie all das funktioniert, sagen: »Er ist selbst an seiner Krankheit schuld.« Oder: »Das ist ihr Karma.«

Warum werden manche Menschen, die eine sogenannte unheilbare Krankheit haben, wieder gesund?

Gott ist ein Wunder, das nie aufhört, mich in Staunen zu versetzen. Ich bin voller Ehrfurcht für die Wunder, die Gott erschafft, die Wunder, die er bewirkt und schenkt. Genesung ist ein Wunder, aber heimzugehen ist auch ein Wunder. Wir wollen immer, dass unsere Lieben auf dieser Seite bleiben, aber für den kranken Menschen selbst ist es wahrscheinlich ein größeres Wunder, hinüberzuwechseln, wieder ganz heil und mit seinen Lieben vereint zu sein.

Soweit ich weiß, liegt der Grund dafür, dass der eine Mensch wieder gesund wird und der andere nicht, in seinem Karma. Vielleicht ist das Wissen vorhanden, dass die Seele, die wieder gesund wird, in der neugeschenkten Lebenszeit noch etwas Größeres bewirken wird. Möglicherweise wird sie zu einem Vorbild für andere. Ich kann es nicht genau sagen, aber nach dem zu urteilen, was ich von der Anderen Seite weiß, könnte es so sein.

Bewundern Seelen, die in früheren Jahrhunderten hinübergegangen sind, die moderne Technik?

Ich bin mir sicher, dass sie von ihr fasziniert sind. Sie müssen sehr beeindruckt sein von den weltweiten Fortschritten. Doch sie spielen selbst eine Rolle in dieser Entwicklung. Sie schicken uns dauernd Seelen, die an Projekten in der Haushaltstechnologie, in der Medizin oder in anderen Bereichen arbeiten. Die Geister sagen vielleicht: »Super!«, aber es ist so ähnlich, wie wenn Sie etwas machen, das so cool ist, dass Sie selbst staunen müssen. Die Geistwesen sagen nicht: »Oh mein Gott, schau mal, was die da unten geschaffen haben!« Sie sagen eher: »Sieh dir das an; ist es nicht phantastisch, was wir erreicht haben?«

Welche Informationen geben die Toten über den zukünftigen medizinischen Fortschritt?

Ich höre, dass wir in mehreren Bereichen der Gesundheitsfürsorge an der Schwelle eines bedeutenden Durchbruchs stehen. Sie übermitteln mir immer wieder, dass die Entwicklung von Heilmethoden für bestimmte Krankheiten kurz vor dem Abschluss steht. Ich kann nicht aufhören, über den technischen Fortschritt zu staunen, den ich bisher erlebt habe. Ich erinnere mich an meine Kindheit: Für uns grenzten Walkie-Talkies an Zauberei. Heute haben wir Handys, mit denen man sich klar und deutlich mit jemandem auf der anderen Seite der Welt unterhalten kann. Man kann mit ihnen Musik hören, Fotos und Filme aufnehmen, das Handy anschließend an den Computer anschließen und die Fotos an Freunde verschicken. Es ist einfach verrückt. In der Medizin haben wir alles, angefangen von Organtransplantationen bis hin zu Retortenbabys und geklonten Menschen. Auch hier besteht die Welt aus Positivem und Negativem. Einerseits besitzen wir hochentwickelte medizinische Technik, andererseits hochentwickelte Waffentechnik; wir haben sowohl Heilmittel als auch Zerstörungsmittel, und wir müssen entscheiden, wie wir sie einsetzen. Wofür wollen wir unsere Energie verwenden? Entscheidungsfreiheit ist ein zweischneidiges Schwert.

Ich bin keine Wissenschaftlerin oder Ärztin, deshalb fällt es mir nicht leicht, im Detail zu berichten, was sie mir in Bezug auf bevorstehende Fortschritte erzählt haben, aber sie geben sich immer viel Mühe, mir diese Dinge zu übermitteln. Sie haben verschiedene Krankheiten genannt, bei denen es einen Durchbruch in der Entwicklung von Behandlungsmethoden und Heilmitteln geben wird, und sie sagen mir immer wieder, dass kommende Generationen nicht mehr daran leiden werden. Die in diesem Zusammenhang am häufigsten genannten Krankheiten sind Diabetes, Lupus (Autoimmunerkrankung) und multiple

Sklerose. Sicher gehören noch andere dazu. Ich weiß, dass es stimmt, was sie mir mitteilen, und dass ein Durchbruch bei diesen Krankheiten unmittelbar bevorsteht. Als mein Bruder Harold Aids hatte, ließen sie mich wissen, dass etwas ganz Großartiges entwickelt würde, das mit Hormonen zu tun hätte, aber sie sagten mir auch, dass dieses Heilmittel für Harold nicht mehr rechtzeitig käme. Natürlich hat mich das traurig gemacht. Andererseits bin ich dankbar, dass die neuen »Cocktails«, die es heute gibt, anderen Menschen ersparen, so zu leiden wie mein Bruder. Ich hoffe, das Wissen, dass es bald Behandlungsmethoden und Heilmittel für einige der schlimmsten Krankheiten geben wird, tröstet die Familien, die gegenwärtig gegen sie kämpfen, oder diejenigen, die sich Sorgen machen, weil sie Kinder haben möchten.

Helfen uns die Toten dabei, wieder gesund zu werden?

Ja, auf jeden Fall. Es ist Ihnen wahrscheinlich bekannt, dass in der Medizin verstärkt unterschiedliche Energien (Klang, Licht, Schwingung und so weiter) eingesetzt werden. Die Toten sind reine Energie. Das ist ein Gebiet, wo sie wirklich aktiv helfen können. Dazu fällt mir eine Sitzung ein, bei der die Mutter eines Mannes zu mir durchdrang. Sie wusste, dass er eine Schulterverletzung hatte. Er war deswegen in Physiotherapie gewesen, aber das war mir natürlich nicht bekannt. Als ich ihm sagte, dass seine

Mutter mir übermittelte, sie habe Energie in seine Schulter geschickt, um bei der Heilung zu helfen, meinte er: »Klasse! Es fühlt sich seit einer Weile wirklich besser an. Ich habe schon gar nicht mehr daran gedacht.«

Ich selbst hatte vor einigen Jahren eine schwere Operation, bei der ich drei Bluttransfusionen bekam. Es ging mir sehr schlecht, und ich brauchte dringend Schlaf, um wieder zu Kräften zu kommen. Jedes Mal, wenn der Arzt in mein Zimmer kam, ermahnte er mich: »Sie *müssen* schlafen.« Leider verträgt mein Körper überhaupt keine Schlafmittel, daher konnte ich nicht schlafen. Es wurde immer schlimmer, und ich litt echte Qualen. Es ging mir so schlecht, dass ich an einen Punkt kam, an dem ich über mein Leben nachdachte, Bilanz zog, und mich fragte, ob ich mit meinem Leben zufrieden wäre, wenn ich jetzt hinübergehen würde. Ich kam zu dem Schluss, dass ich die Arbeit, die ich als meine Aufgabe ansah, so gut wie möglich gemacht hatte und dass es eigentlich in Ordnung wäre, wenn ich gehen müsste. So lag ich einfach nur da und schloss die Augen.

Plötzlich befand ich mich in einer Achterbahn; ich saß in der zweiten Reihe. In der Bank vor mir saßen zwei Männer. Einer der beiden drehte sich um und schaute mich an, und ich sah, dass es mein Vater war. »Wir mussten dich da rausholen«, sagte er. »Wir mussten dich aus deinem Körper holen, damit du schlafen kannst.« Der Waggon schien senkrecht nach oben zu fahren. Wir waren sehr hoch oben, und ich habe Höhenangst. Mein Vater sagte: »Mach dir keine Sorgen; ich bin am Steuer. Wenn du Angst hast, mach einfach die Augen zu.« Ich weiß nicht, wie lange wir nach oben fuhren, aber ich erinnere mich, dass mein Vater zu mir sagte: »Bitte entscheide dich dafür zu bleiben«, und dann meinte er: »Ich bringe dich jetzt wieder runter.«

Als Nächstes erinnere ich mich daran, dass ich wieder in meinem Körper war, doch er fühlte sich ganz anders an als zu dem Zeitpunkt, in dem ich ihn verlassen hatte. Die Schmerzen waren fast weg; ich fühlte mich stark und wiederhergestellt. Von da an wurde ich langsam wieder ganz gesund. Als ich nach Hause durfte, wurde ich in einem Rollstuhl aus dem Krankenhaus gefahren. Als man mich zur Tür schob, schien die Sonne strahlend hell herein, und ich fühlte mich wie neugeboren.

Gibt es bei Ihren Sitzungen ein bestimmtes Zeichen, mit dem die Toten Ihnen zeigen, dass ein Baby unterwegs ist?

Ja, das gibt es. Verschiedene Medien verwenden in der Kommunikation mit den Geistern unterschiedliche »Kürzel«. Die Geistwesen verändern die Art und Weise, wie sie kommunizieren, so, dass sie vom jeweiligen Medium gut verstanden werden. Ich kenne zum Beispiel manche Medien, die eine weiße Blume sehen, wenn jemand Geburtstag hat. Mir übermitteln die Geister eher einen Monat. Der entspricht nach meiner Erfahrung entweder einem wichtigen Geburtstag oder einem Todestag. Einige Medien sehen ein Kreuz oder ein anderes Symbol über dem Kopf der Klientin, wenn sie oder jemand aus der Familie ein Baby bekommen wird. Ich dagegen sehe das Bild einer Frau – für mich ist es die heilige Philomena, die nach der Legende mit zwölf oder dreizehn Jahren als Jungfrau starb. Sie ist unter anderem die Schutzpatronin der Kinder und wenn ich sie sehe, kann ich sicher sein, dass ein Kind unterwegs ist.

Hat ein Baby vom ersten Augenblick an eine Lebensaufgabe, die es auf der Erde erfüllen soll?

Ein Baby kann eine sehr alte Seele sein. Doch wenn ein Baby durch den Tunnel zu uns kommt, verliert es jede Erinnerung daran, wie es auf der Anderen Seite ist, wer es war und wozu es dieses Mal hierhergekommen ist. Es kommt klein wie ein Brotlaib an und muss wieder von Grund auf lernen, wie man die physische Form benutzt. Jeder Mensch kommt hierher, damit seine Seele wachsen kann, und die Seelen auf der Anderen Seite helfen dem Baby, seine Bestimmung hier auf der Erde zu erfüllen. Im Lauf der Zeit arrangieren sie es so, dass andere Menschen in seinem Umfeld auftauchen und sich die äußeren Umstände so verändern, dass das Baby »aufwacht« und erkennt, wozu es auf die Welt gekommen ist.

Ist es wahr, dass Kinder leichter mit Toten in Kontakt sind?

Wenn ich sage, sie vergessen die Andere Seite, so heißt das nicht, dass das sofort geschieht. Jede Mutter wird Ihnen erzählen, dass sie gesehen hat, dass ihr Baby mit etwas – oder besser gesagt, mit jemandem – in Verbindung steht, den sie nicht sieht. Das Baby ist zum Beispiel auf einen Punkt vor sich oder auf der anderen Seite des Zimmers fixiert und lächelt und lacht, winkt vielleicht mit den Armen, als ob es sich mit jemandem unterhalten würde, obwohl niemand da ist. Es ist eine Seele, die das Baby auf der Anderen Seite gekannt hat, und die nun auf das Baby aufpasst. Heutzutage, wo es Babyphons mit Videoüberwachung gibt, kann man das häufig beobachten.

Immer wieder berichten mir Klientinnen, ihre Kinder sagen, sie hätten etwas gehört oder jemanden gesehen. Dazu fällt mir eine Geschichte ein, die mir eine Klientin erzählt hat. Sie war mit dem Auto unterwegs, und ihre kleine Tochter saß auf dem Rücksitz. Die Tochter schien sich mit jemandem zu unterhalten. Die Mutter fragte: »Schatz, mit wem sprichst du?« Die Tochter erwiderte: »Mit Oma; sie sagt, sie lebt hier.« In diesem Moment fuhren sie gerade an dem Friedhof vorbei, in dem ihre Mutter beerdigt war. Das Mädchen kannte den Unterschied zwischen »hier leben« und »hier beerdigt sein« noch nicht. Jedenfalls konnte es seine Großmutter dort sehen.

Eine andere Klientin erzählte mir, ihr Fünfjähriger habe ihr bei der Großmutter zugesehen, wie sie Sandwichs zubereitete. Sie sagte zu ihrem kleinen Sohn: »Mama macht was zu essen für dich und Oma.« Da zeigte der Junge auf einen scheinbar leeren Stuhl und fragte: »Machst du für Opa auch was?«

Eine andere Klientin bekam von ihrer Tochter einen gehörigen Schrecken eingejagt. Als das Mädchen noch ein Kleinkind war und seine Gebete sprach, fragte es oft: »Ist es okay, wenn ich für meine *andere* Mutti und meinen *anderen* Vati auch bete?« Die Klientin bekam einen Riesenschreck, weil sie dachte, ihre Tochter wolle ihr damit sagen, dass sie bald sterben werde. Doch so war es gar nicht. Ihre Tochter war erst kurze Zeit auf der Erde und sah daher noch ihre Eltern aus dem vorherigen Leben.

Warum besitzen Kinder die Fähigkeit, mit der Anderen Seite zu kommunizieren?

Kleine Kinder sind noch nicht lange auf dieser Seite, und ihr Bewusstsein ist noch nicht getrübt von den Erwartungen der Menschen, von dem, was hier als akzeptabel oder inakzeptabel gilt. Auf gewisse Weise sind sie noch stärker mit dem Geistigen verbunden als jemand, der älter ist und schon lange in einem Körper lebt. Kinder sind noch in der Lage, mittels Telepathie mit der Anderen Seite zu kommunizieren, und es ist überhaupt nicht ungewöhnlich, wenn ein Kind zum Beispiel einen Großelternteil sieht, den es auf der Anderen Seite gekannt hat, bevor es hierherkam, oder jemanden, der bald nach seiner

Geburt gestorben ist. Es fällt Kindern noch relativ leicht, Geister zu sehen.

Erwachsene sprechen aber normalerweise nicht über tote Verwandte, und Kinder verlieren diese Fähigkeit schnell, weil sie sich nicht mehr damit beschäftigen. Kinder eignen sich dieses Verhalten an, damit sie auf dieser Seite akzeptiert werden.

Kann man die Fähigkeit erhalten, die Toten zu sehen, oder verlieren alle Kinder sie allmählich – außer wenn sie echte übersinnliche Fähigkeiten haben wie Sie?

Meist lässt diese Fähigkeit im Lauf der Zeit nach. Aber wenn ein kleines Kind den Geistern in seiner Umgebung weniger und weniger Beachtung schenkt, dann geschieht das fast immer, um dem zu entsprechen, was auf dieser Seite als normal gilt. Eltern, die sich nicht an ihre Erfahrungen mit der geistigen Welt erinnern, necken das Kind vielleicht und sagen: «Sprichst du mit deinem Phantasiefreund?» So erhält das Kind schließlich die Botschaft, dass das nicht real ist. Manche Mütter bekommen einen Schrecken, wenn ihr Kind sagt, es sehe jemanden, der schon tot ist. Das Kind hält beim nächsten Mal den Mund, weil es seine Mami nicht beunruhigen will. Wenn man diese Fähigkeit erhalten möchte, sollte man das Kind, wenn es davon spricht, dass es Oma oder Opa sieht oder hört, freundlich anschauen, anstatt eine ablehnende

Miene aufzusetzen. Kinder lassen sich von ihren Eltern leiten. Wenn die Eltern ein ängstliches Gesicht machen, denkt das Kind, es sei etwas Schlechtes oder Furchterregendes, wenn es seinen Opa sieht. Es ist genauso, wie wenn das Kind auf die oberste Treppenstufe zugeht und sich nach der Mutter umdreht, um ihre Reaktion zu testen: Ist das erlaubt oder ist das nicht erlaubt? Ihr Gesichtsausdruck sagt alles. Ich denke, wenn man offen auf das Thema eingeht, wenn das Kind davon spricht, kann man diese Fähigkeit in gewissem Maß erhalten. Man kann kleinen Kindern, die noch nicht sprechen können, ein Foto von einem lieben Verstorbenen zeigen und ihre Reaktion beobachten. Es besteht eine gewisse Chance, dass sie die Person von der Anderen Seite wiedererkennen.

Es gibt Menschen, die zu ihren Eltern sagen: »Ich habe nicht darum gebeten, geboren zu werden.« Sieht das die Andere Seite auch so?

Nach dem, was mir übermittelt worden ist, wählt jeder von uns seine Eltern, aber wir bekommen auch eine gewisse Führung von der Anderen Seite. Es ist also eine gemeinsame Entscheidung, die davon abhängt, wie die Seele hier am besten helfen und spirituell wachsen kann. Wir werden in die geeignete Familie geboren und in die geeigneten äußeren Umstände, so dass sich unsere Lebensaufgabe mit Hilfe unseres freien Willens und unserer Entscheidungen und Handlungen entfalten kann. Wir treffen ständig Entscheidungen. Wenn wir auf die Erde kommen, wissen wir, in welche Familie wir geboren werden und dass es eine Aufgabe gibt (wahrscheinlich mehr als eine!), mit der wir konfrontiert werden oder die wir übernehmen sollen. Es wird auch von uns erwartet, dass wir anderen, die ebenfalls hierherkommen, helfen. Wir wählen selbst, ob wir wiedergeboren werden, wo, wann und in welche Familie. Diese vielfältigen Entscheidungen werden zusammen mit den spirituellen Meistern auf der Anderen Seite getroffen.

Ist es vorbestimmt, ob wir in diesem Leben Kinder bekommen oder nicht?

Ja, ich glaube, dass es vorbestimmt ist. Dafür spricht sowohl meine eigene Erfahrung als auch die anderer Menschen, die mir davon erzählt haben. Ich glaube, wir entscheiden uns, bevor wir hierherkommen, ob wir Kinder haben werden und, falls ja, wie viele. In anderen Fällen bin ich geneigt zu sagen, wir können durch eine bewusste Entscheidung etwas ändern. Aber was Kinder angeht, gehe ich so weit zu behaupten, dass diese Entscheidung einen so wesentlichen Bestandteil des göttlichen Plans darstellt, dass wir nichts mehr ändern können, wenn wir erst einmal hier sind. Ob man Kinder hat oder nicht, ist ein wichtiger Aspekt im Lebensplan jedes Menschen. Ich glaube nicht, dass es irgendetwas gibt, das wichtiger ist, nicht einmal eine lebensbedrohliche Krankheit oder ein Unfall. Jedes Kind bringt verschiedene Aufgaben und Lehren für seine Eltern, die Mutter oder den Vater mit. Ich denke, die Frage, wie viele Kinder wir haben werden, wird entschieden, bevor wir wieder auf die Erde kommen.

Wenn die Toten eine Geburt vorhersagen, könnte es sich dann auch um eine Adoption handeln?

Ja, auf jeden Fall. Wenn eine Geburt vorhergesagt wird, ist damit wörtlich »ein Kind in Ihren Armen« gemeint. Es könnte also sowohl die Adoption eines Kindes als auch die Geburt eines leiblichen Kindes gemeint sein. Das Ergebnis ist das gleiche. Das Kind gehört zu dieser Mutter oder diesem Vater.

Können Sie Botschaften von jedem Verstorbenen weitergeben, auch von berühmten Persönlichkeiten?

Ich möchte es so ausdrücken: Ich kann nur Botschaften von Geistern übermitteln, die eine Verbindung zu der Person besitzen, für die ich die Sitzung halte. Wenn Sie hoffen, dass Elvis oder James Dean von der Anderen Seite zu Ihnen sprechen, werden Sie enttäuscht sein, es sei denn, Sie hatten eine Beziehung zu einem der beiden. Es ist ein paar Mal geschehen, dass ich auf spiritueller Ebene eine Verbindung zu jemandem bekam, der zu Lebzeiten berühmt war. Doch das lag immer daran, dass die Person, für die ich die Sitzung hielt, mit diesem Menschen verbunden gewesen war. Wenn ich mit jedem sprechen könnte, mit dem ich wollte, so würde ich Jim Morrison sagen: »Ich möchte mich bei dir entschuldigen für das, was sie mit deinem Grab gemacht haben!«

Inwiefern unterscheidet sich eine Sitzung, die Sie für eine berühmte Persönlichkeit halten, von anderen?

Sie unterscheidet sich kaum. Prominente wollen dasselbe wissen, wie jeder andere auch. Sie wollen mit ihren Verwandten sprechen oder sie fragen, ob sie heiraten und Kinder bekommen werden und so weiter. Ein Unterschied besteht allerdings darin, dass Schauspieler häufig zu mir kommen, weil sie auf der Suche nach Spiritualität sind, nach etwas, das ihnen Halt gibt und im Beruf hilft. Schauspieler haben einen sehr schwierigen Beruf, und ich glaube, es tut ihnen gut, Kontakt zur spirituellen Welt zu haben. Abgesehen davon unterscheiden sich die Sitzungen nicht von anderen – außer wenn sie mir anbieten, einen

Privatjet zu schicken. Das erscheint mir irgendwie unwirklich, und ich glaube nicht, dass ich mich je daran gewöhnen werde.

Haben Sie schon für viele Prominente Sitzungen gehalten?

Ja, es waren einige. Ich habe Sitzungen gehalten für Alec und Billy Baldwin; Ed Begley jr.; die Darsteller aus der Fernsehserie *Die Sopranos:* Edie Falco, Federico Castelluccio und Vincent Curatola; außerdem für Julia Louis-Dreyfus, Illeana Douglas und Jeff Goldblum – der ist echt süß! Er ist genauso nett wie im Fernsehen. Als ich ihn traf, umarmte er mich herzlich. Ich schmolz förmlich dahin! Ich bin inzwischen gut befreundet mit Talina Fernández, deren Show in Mexiko produziert und im spanischsprachigen Fernsehen auf der ganzen Welt ausgestrahlt wird. Cristina gehört natürlich auch dazu – unsere spanischsprachige Oprah hier in Miami.

Ich bin in dieser Hinsicht schrecklich. Manchmal weiß ich gar nicht, wer berühmt ist. Einige Sportler, die bei mir waren, erkannte ich nicht, bis sie das Haus verließen und mein Mann zu mir sagte: »Weißt du eigentlich, wer das war?«

Einmal stellte mich mein Freund, der Filmproduzent Jon Cornick, einer Frau vor, die als Musikpromoterin arbeitet. Sie sagte mir, einer ihrer Kunden in der Stadt wolle mich unbedingt treffen. Mit »in der Stadt« meinte sie nicht Boonton, New Jersey, sondern New York City auf der anderen Seite des Hudson River, etwa 45 Minuten entfernt. Sie sagte, ihr Kunde gebe einige Konzerte und würde mich mit einer Limousine abholen und in sein Hotel bringen lassen, damit ich dort eine Sitzung halten könne. Ich wusste also, dass dieser Mann Musiker war, aber ich erkannte ihn nicht. Ich hielt die Sitzung, und dann saßen wir noch alle bei einem wunderbaren Dinner zusammen. Es war Phil Lesh von der Rockband *Greatful Dead*, ein sehr netter Mann. Er lud mich zu einem Konzert ein, aber leider hatte ich so viele Termine, dass ich nicht hingehen konnte. Sie möchten sicherlich wissen, ob Jerry Garcia, der ehemalige Bandleader, bei der Sitzung zu uns durchdrang? Die Antwort lautet: Ja, er hat sich gemeldet! Doch der Punkt ist, dass die Leute, die zu mir kommen – oder mich holen lassen –, eigentlich auf etwas anderes aus sind. Wir alle sind Menschen. Wir haben ähnliche Anliegen. Wir wollen etwas über unsere Familie wissen. Wir sind dankbar, wenn wir von den Toten hören, die uns nahestehen, auch wenn sie nicht berühmt waren.

Talina Fernández habe ich getroffen, weil ich eine Lesung für ihre Tochter Mariana gehalten hatte. Ich möchte kurz erzählen, wie es dazu kam: Ich verdanke den Kontakt zu Talina und Mariana meiner Freundschaft mit James Van Praagh. Als James mich und meine Fähigkeiten kennenlernte, war er unglaublich großzügig. Er nahm Informationen über meine Arbeit in seine Website auf; daraufhin erhielt ich eine großartige Einladung, mit ihm einige Shows in Mexiko-Stadt zu halten. In Mexiko wurden wir von Zeitschriften, vom Radio und vom Fernsehen interviewt und hielten große Gruppensitzungen. Bei einer übermittelte ich Botschaften für Talinas Tochter Mariana. Sie hatte kurz zuvor eine Freundin verloren, und sie bestätigte meine Information, dass ihre Freundin bei einem Flugzeugabsturz ums Leben gekommen war. Die Veranstaltung fand am Geburtstag des Sohnes von Marianas verstorbener Freundin statt, und ich konnte ihr sagen, dass diese Freundin »Happy Birthday« an ihren Sohn übermittelte. Anscheinend schwärmte Mariana bei ihrer Mutter von der Sitzung. Was dann geschah, ist sehr traurig: Mariana, ihr Mann und ihre Kinder wurden auf einer Reise von Banditen überfallen. Mariana hatte ein schwaches Herz, und der Überfall erschreckte sie derart, dass sie sich im wahrsten Sinne des Wortes zu Tode ängstigte. Sie war erst 38 Jahre alt. Mariana hatte ihrer Mutter Talina so viel von mir erzählt, dass Talina an mich dachte und mich nach Marianas Tod anrief. Es gelang mir, Mutter und Tochter zusammenzubringen. Es waren sehr traurige Umstände, aber ich war froh, auf diese Weise ein wenig helfen zu können. Ich bin seither einige Male nach Mexiko eingeladen worden, um in Talinas Show aufzutreten. Dann wurde ich auch in Cristinas Show eingeladen, als sie eine Sondersendung über Talina machte. Es war ein schönes Gefühl, mit diesen großartigen Frauen auf Cristinas Sofa zu sitzen. Beide sind außergewöhnlich, warmherzig und humorvoll! Als ich eine Sitzung für Cristina hielt, nahmen ihre Mutter und ihr Vater Kontakt auf und erzählten mir von einem bestimmten Foto von ihnen beiden, das sich in Cristinas Besitz befand. Sie ging und holte es von ihrem Schreibtisch. Es zeigte ihre Eltern beim Tanzen. Sie sagte mir, sie habe es immer bei sich, auch auf Reisen. Ihr Vater sprach von einer Kette mit kleinen Medaillons, die sie von ihm hatte, und sie bestätigte das.

Es war wunderbar für mich, in Mexiko arbeiten zu können, aber ich muss an meinem Spanisch arbeiten. Im Moment kann ich nur: »*sí*«, »*no*«, »*A dónde es el baño?*« und »*Te amo, todo el mundo!*« (»ja«, »nein«, »Wo ist das Badezimmer?« und »Ich liebe euch alle!«).

Welche Prominenten-Sitzung hat Ihnen am besten gefallen?

Die Sitzung mit Sarah Ferguson, der Herzogin von York, hat mir sehr gut gefallen, weil ich dabei mit Diana sprechen konnte. Sie war sehr lebhaft, sprühte vor Energie und redete wie ein Wasserfall. Sie übermittelte mir, ich solle Sarah sagen, es tue ihr leid, dass sie wegen der »geliehenen Schuhe« gestritten hätten, aber sie lachte dabei, deshalb wusste ich, dass es ein Scherz war, den nur die beiden verstanden. Als ich die Botschaft weitergab, lachte Sarah auch. Sie wusste, was Diana meinte, aber sie hat es nicht verraten. Auch die Sitzungen für die Darsteller von *Die Sopranos* haben mir viel Freude bereitet, weil sie meine ersten Prominenten waren und ich die Serie mag.

Würden Sie für Tony Soprano, wenn er nicht eine TV-Figur, sondern real wäre, eine Sitzung halten? Oder würden Sie sie ihm verweigern, weil er böse ist?

Ich habe tatsächlich schon vor einer ähnlichen Entscheidung gestanden. Ein Mann vereinbarte einen Termin mit mir, und ich wusste nicht, wer er war. Er sagte natürlich nicht vorneweg: »Übrigens, ich bin ein Verbrecher.« Als er dann kam, wusste ich noch immer nicht, was er genau machte; ich spürte aber, dass er mit Sicherheit keine weiße Weste hatte. Ich weiß nicht, wie ich es beschreiben soll. Es war nichts Bestimmtes; ich war mir nicht sicher, ob er jemanden umgebracht hatte, aber ich wusste, dass er nicht vertrauenswürdig war im spirituellen Sinne. Die ganze Energie um ihn herum war anders als bei allen anderen Menschen, für die ich bis dahin eine Sitzung gehalten hatte. Als ich ihn nach seinem Namen fragte, schaute er mich an, als ob ich vom FBI wäre, und als ich ihn um Erlaubnis bat, zuhören zu dürfen, konnte ich von seinem Gesicht ablesen, dass er vermutete, ich trage einen Minisender.

Obwohl ich Vorsichtsmaßnahmen gegen das Böse ergreife, lautet meine Antwort: Ja, ich würde eine Sitzung für Tony halten, wenn ich den Auftrag bekäme. Es hört sich vielleicht wie Haarspalterei an, aber das sind wirklich zwei verschiedene Dinge. Ich bitte Gott immer um Schutz und darum, dass er das Böse von mir und meinem Heim fernhält. Kein böser Geist und keiner, der eine böse Absicht hat, kommt zu mir durch. Wenn ich für Tony Soprano eine Sitzung halten würde, wäre es sehr wahrscheinlich der Geist seiner Großmutter, den ich hören würde. Oder seine Mutter ließe durch mich übermitteln: »Du solltest um Vergebung bitten, mein Sohn.«

Was war Ihre frustrierendste Erfahrung mit einer berühmten Persönlichkeit?

Bevor ich als professionelles Medium zu arbeiten begann, war ich als Empfangsdame tätig. In dem Job war ich richtig schlecht. Ich habe eine schwere Lese- und Rechtschreibschwäche und kann nicht richtig tippen. Telefongespräche führen und Besucher begrüßen fiel mir leicht; alles andere versuchte ich zu umgehen. Ich arbeitete in verschiedenen Unternehmen, und am besten gefiel es mir bei dem berühmten Hersteller für Anglerbedarf, Abu Garcia. Ich hatte keine Ahnung vom Angeln, und ich interessierte mich auch nicht dafür. Ich wäre bestimmt nicht auf die Idee gekommen, dass ich dort die Gelegenheit haben würde, Marilyn Monroe zu treffen!

Ich bin schon immer ein großer Fan von Marilyn gewesen, und obwohl ich Legasthenikerin bin, sammle ich Bücher über sie wegen der Bilder. Zufällig lag gerade an dem Tag, an dem Joe DiMaggio hereinkam, um eine Angelrute zu kaufen, eines auf meinem Schreibtisch. Er trat ein, und ich wusste sofort, dass er Marilyn Monroes Mann war (ich hatte gehört, dass er auch ein wenig Baseball spielte). Ich war ganz aus dem Häuschen, aber mein Chef sagte, dass wir Herrn DiMaggio auf keinen Fall belästigen dürften,

und es wurde uns verboten, Marilyn Monroe auch nur zu *erwähnen*. Ich konnte ihm lediglich die Hand schütteln und sagen: »Wie wundervoll, Sie kennenzulernen.«
Während ich Herrn DiMaggio die Hand schüttelte, hörte ich, wie mir Marilyn mit ihrer unverwechselbaren Stimme ins Ohr hauchte: »Sag ihm, dass ein Stein fehlt. Sag ihm, dass ein Stein fehlt. Er weiß dann schon, was gemeint ist.« Doch es war mir verboten worden, ihren Namen zu nennen, und ich hatte Angst, meine Stelle zu verlieren, deshalb biss ich mir auf die Zunge und fragte stattdessen: »Möchten Sie eine Tasse Kaffee?«
Etwa acht Jahre später wurde der größte Teil von Marilyns Besitz in einer Auktion bei Sotheby's versteigert. Es war auch ein rundum mit Diamanten besetzter Ring von Joe DiMaggio dabei. Ein Stein fehlte. Natürlich tut es mir heute leid, dass ich ihm das damals nicht gesagt habe, aber ich war jung und dumm. Okay, ich war sehr jung und sehr dumm. Das war kein guter Vorwand; das sehe ich heute ein. Man ignoriert Marilyn Monroe nicht einfach, um einen Job als Empfangsdame bei einem Hersteller für Anglerbedarf zu behalten!

Was war Ihre merkwürdigste Erfahrung mit Prominenten?

Einmal hielt ich eine große Gruppensitzung in Verona, New Jersey. Ich kam aus dem Pausenraum, begrüßte das Publikum und erklärte, wie alles vor sich geht. Ich sagte:

»Ich möchte Ihnen ein Beispiel dafür geben, dass die Seelen die ganze Zeit mit mir sprechen. Als Sie hereingekommen sind, haben Sie alle gesehen, dass ich draußen vor dem Raum auf und ab gelaufen bin. Ich konnte es drinnen nicht aushalten (ich meine den Pausenraum, wo ich normalerweise warte, bis die Show beginnt). Es wollten so viele Seelen mit mir sprechen, dass der Raum kalt war! Da drinnen waren zahlreiche Seelen, die mir eine Botschaft für die Menschen hier draußen übermitteln wollten. Ich zeige Ihnen jetzt einfach, was ich meine: Im Moment bekomme ich übermittelt: ›Sage *Lou Costello*.‹ Kann damit jemand etwas anfangen? Ich weiß nicht, was es bedeutet, aber eben übermittelt mir ein Mann: ›Sage den Namen Lou Costello.‹« Eine Frau hinter mir hob die Hand, und eine meiner Assistentinnen gab ihr das Mikrophon. Sie sagte, die Botschaft sei wahrscheinlich für sie bestimmt. Ich fragte sie, warum sie das glaube, und sie erzählte, ihre Mutter sei die beste Freundin von Lous Mutter gewesen. Sie habe zu Hause ein Bild von Lou hängen. Als sie noch ein Kind war, habe Lou Costello einmal zu ihrem Geburtstag kommen sollen, aber er sei kurz vorher gestorben. Ich war baff. Ich sagte: »*Wirklich? Das ist ja verrückt! Verstehen Sie jetzt?* Ich wusste überhaupt nichts davon.« Lou Costello konnte mit der Botschaft für diese Frau durchkommen, weil es eine echte Verbindung gab.
Bei derselben Show übermittelte ich Botschaften für einen Mann um die dreißig. Ich sagte: »Hier ist jemand, der sagt, er sei kein Familienmitglied. Er ist ein Freund – jemand, der bei einem Flugzeugabsturz ums Leben gekommen ist.« Der Mann meinte, er kenne niemanden, der bei einem Flugzeugabsturz ums Leben gekommen sei. Ich er-

widerte: »Er übermittelt mir, ich soll ›Teeterboro‹ sagen. Wissen Sie, was das bedeutet? Das ist ein Flughafen hier, nicht wahr? Es muss jemand sein, der mit Teeterboro etwas zu tun hatte. Flog er vielleicht von dort los?« Der Mann fing an zu lachen, aber es war ein schockiertes Lachen, ein Lachen, bei dem man sich die Hand vor den Mund hält. Er sagte: »Bevor wir hier hereingekommen sind, habe ich einen Scherz gemacht, dass womöglich der Geist von John F. Kennedy jr. hierher durchkommen wird.« Ich antwortete: »Sie meinen doch wohl nicht im Ernst, dass ich gerade mit J. F. K. jr. spreche?« Um ganz ehrlich zu sein, ich bin mir sicher, dass der Geist, mit dem ich sprach, nicht J. F. K. jr. war. Ich wollte das während der Show nicht sagen, weil ich niemanden bloßstellen möchte, aber ich glaube, der Geist, der sprach, war ein Freund des Mannes. Das hatte er ja auch erwähnt. Ich glaube, ich hatte missverstanden, was er sagen wollte. Er meinte nicht, dass er selbst bei einem Flugzeugabsturz ums Leben gekommen war, sondern er wollte auf John F. Kennedy jr. hinweisen. Er wollte seinem Freund wahrscheinlich übermitteln, dass man sich über Tote nicht lustig macht.

Können wir mit berühmten Persönlichkeiten befreundet sein, wenn wir hinüberwechseln?

Eine berühmte Persönlichkeit ist auf der Anderen Seite keine berühmte Persönlichkeit mehr. Sie hat natürlich einen Beitrag hier im Diesseits geleistet, aber das ist nichts Besonderes mehr, wenn sie hinübergeht. Ihr Beitrag ist nicht mehr wert als der eines anderen Menschen. Auch Prominente werden in einen Körper hineingeboren, um ihre Lektionen zu lernen. Auf der Anderen Seite sind wir alle gleich. Dort gibt es keine Klatschblätter.

Kann jeder die Toten hören?

Ja, jeder Mensch kann das. Ich sage immer, bei mir ist der Lautstärkeregler nur weiter aufgedreht als bei den meisten Leuten. Ich bin nicht ganz auf das Diesseits eingestellt, deshalb kann ich die Andere Seite besser empfangen. Ich bin seit meiner Geburt auf dem linken Ohr taub. Mir wurde gesagt, das sei einer der Gründe, warum ich die Andere Seite so laut höre. Die meisten Menschen hören die Toten nicht so laut und deutlich wie ich, aber ich versichere Ihnen, jeder hört sie. Macht es manchmal in Ihrem Kopf »plopp« oder meinen Sie hin und wieder, ein Flüstern gehört zu haben? Das können die Toten sein, die zu Ihnen sprechen.

Wie kann man Verbindung zur Anderen Seite aufnehmen, auch wenn man kein Medium ist?

Der beste Rat, den ich Ihnen geben kann, ist, offen dafür zu sein. Hören Sie auf zu sagen, das sei alles nur Zufall, und schließen Sie diese Möglichkeit nicht mehr aus. Man braucht allerdings ein wenig Übung, wie für alles andere auch. Wir leben in einer Gesellschaft, in der alles schnell gehen und einfach sein muss. Wir sind äußerst ungeduldig. Wir erwarten, mit Anfang zwanzig die große Liebe zu finden und dass sich all unsere Beziehungsprobleme wie von Zauberhand lösen, solange wir noch fast ein Kind sind. Wenn wir eine Diät beginnen, hören wir nach einer Woche wieder auf, weil die Pfunde nicht wie von selbst purzeln. Ich weiß nicht, warum das so ist. Wir erwarten ja auch nicht, ein Instrument vom ersten Tag an perfekt zu spielen oder einen Marathon laufen zu können, nur weil wir es geschafft haben, unsere Turnschuhe zuzubinden. Ich kann Ihnen versichern, wenn Sie ein Fenster öffnen, kommt frische Luft herein. Sie können das Fenster nur einen Spaltbreit oder weit aufmachen. Wenn Sie es weit öffnen und offen lassen, wird Ihr Haus gelüftet, und Sie bekommen einen klareren Blick. Dasselbe gilt für die Verbindung mit der Anderen Seite. Sie müssen das Fenster öffnen und es offen lassen.

Ich schlage vor, Sie fangen an, mit ihnen zu sprechen, und horchen dann, ob eine Antwort kommt. Sie können um ein Signal bitten. Bitten Sie um einen Beweis. Sagen Sie zu dem Geist, den Sie erreichen wollen: »Ich möchte dich sehen!« Wenn er den Beweis erbringt, dürfen Sie aber nicht einwenden: »Ach, das ist doch nur ein Zufall.« Sie müssen Geduld haben. Es geht nur in kleinen Schritten. Je mehr Übung Sie haben, desto leichter fällt es Ihnen.

Können die Toten im Traum zu uns sprechen?

Aus irgendeinem Grund verwechseln die Menschen anscheinend zwei Dinge: Träume und Besuche aus dem Jenseits. Beide geschehen, während wir schlafen. Ein Traum ist jedoch normalerweise verworren und hat oft eine psychologische Ursache. Normalerweise bedarf ein Traum der Deutung, wenn wir ihm eine Botschaft entnehmen wollen. Ein Besuch aus dem Jenseits ist eindeutig. Er ist normalerweise kurz und liebenswürdig. Wir sehen unsere lieben Toten; wir können sie »hören«. Das heißt, wir hören ihre Stimme, so wie sie war, aber die Kommunikation läuft über Telepathie. Wir sehen keine Lippenbewegungen, weil *sie* auf geistiger Ebene kommunizieren. Unser Unterbewusstsein erinnert sich an den Besuch, und die Botschaft ist klar. Anders als bei einem Traum braucht man hier keine Deutung.

Versuchen unsere verstorbenen Lieben an besonderen Tagen, wie zum Beispiel Geburtstagen, Verbindung mit uns aufzunehmen?

Ja, das ist definitiv so. Ein Mann Anfang vierzig, für den ich eine Sitzung hielt, sagte mir, seine Mutter fehle ihm sehr. Er erzählte, an seinem Geburtstag im vorherigen Jahr habe er dauernd an sie gedacht und sich gefragt, wie es ihr gehe und ob sie auf der Anderen Seite an ihn denke. Er glaubte an die spirituelle Welt, aber er hatte das Gefühl, keinen Zugang zu ihr zu haben, und war frustriert und traurig. Er hatte an seinem Geburtstag beschlossen, einen Spaziergang zu machen, um auf andere Gedanken zu kommen, und unterwegs sah er einen silbernen Luftballon. Das Gas war völlig entwichen; er konnte nicht mehr fliegen und lag schlapp auf dem Boden. Er sah, dass auf dem Ballon die Cartoonfigur *Emily Erdbeer* abgebildet war. Er hob ihn auf, um ihn in den nächsten Mülleimer zu werfen, und drehte ihn dabei zufällig um. Auf der anderen Seite stand: »Happy Birthday«. Er fragte mich: »Concetta, glaubst du, das war eine Botschaft von meiner Mutter?« Ob ich es *glaube*? Ich *weiß* es!

Können die Toten Getränkedosen durch die Gegend kicken und durch Wände gehen wie in dem Film *Ghost?*

Wie bitte? Soll das ein Scherz sein? Natürlich können sie das! Was das Gehen durch Wände angeht, kann ich nur wiederholen: Geister sind eine Energieform. Für sie gibt es keine Feststoffe, und eine Dose zu kicken ist für einen Geist nichts Besonderes. Sie können ihre Energie für alles Mögliche verwenden, zum Beispiel, um Gegenstände zu bewegen oder umzuwerfen. Sie können eine stehengebliebene Uhr wieder zum Gehen bringen oder Zeiger dazu, sich schneller zu drehen; sie können Lichter flackern lassen und den Wasserhahn aufdrehen. Sie machen das alles nicht, um uns zu erschrecken. Sie wollen uns nur zeigen, dass sie da sind. Gelegentlich versuchen sie, komisch zu sein, aber meist wollen sie nur »Hallo« sagen.

Empfinden die Toten etwas dabei, wenn sie mit uns kommunizieren?

Es ist wunderbar für unsere Lieben, dass sie noch immer mit uns in Kontakt sein können. Sie lieben es, wenn wir uns an sie erinnern. Sie möchten wahrgenommen werden und wollen uns wissen lassen, dass sie noch da sind. Auch wenn sie auf der Anderen Seite sind, wollen sie nicht ignoriert, abgewiesen oder vergessen werden.

Wie kann es sein, dass die Toten in Geistform materielle Gegenstände auf dieser Seite manipulieren?

Ich glaube, das können sie nur eingeschränkt. Sie können Ihnen zum Beispiel keinen Brief schreiben, aber sie können mit Hilfe ihrer Energie durch kleine elektrische Ladungen Gegenstände umherschieben. Ich habe es erlebt, dass sie das Licht aus- oder eingeschaltet oder den Wasserhahn im Bad aufgedreht haben. Ehrlich gesagt, weiß ich nicht, wie sie das schaffen. Soweit ich weiß, kann die geistige Welt die materielle Welt nur energetisch manipulieren. Es braucht ziemlich viel Kraft oder sogar einen festen Griff, um an diesen Armaturen zu drehen, aber irgendwie schaffen sie es. Manchmal richten sie es so ein, dass wir ein bestimmtes Lied im Radio hören. Das kann durch eine Verknüpfung mehrerer Faktoren erreicht werden. Vielleicht veranlassen sie, dass dieses Lied ins Programm eines bestimmten Tages aufgenommen wird, und dann bringen sie uns über unser Unterbewusstsein dazu, das Radio im richtigen Moment einzuschalten. Es kann auch sein, dass sie wissen, wann ein bestimmtes Lied gespielt wird, dann ist der erste Schritt nicht nötig. Ich bin mir nicht sicher. Ich denke, sie nutzen alle Mittel, die ihnen zur Verfügung stehen, um sich bemerkbar zu machen.

Warum sind Informationen, die wir in einer Sitzung erhalten, für uns nicht immer klar oder offensichtlich?

Manchmal entfaltet sich die Information, die wir erhalten, erst allmählich. Es kann eine Weile dauern, bis jemand die Botschaft versteht. Die Bedeutung wird oft erst später klar – manchmal viel später. Ich habe schon erwähnt, was geschehen kann. Eine Sitzung ist eine so außergewöhnliche Erfahrung, dass die Klienten, solange sie bei mir sind, oft gar nicht klar denken können, weil ihr Verstand blockiert ist. Wenn sie dann auf dem Nachhauseweg sind, verstehen sie plötzlich, worum es in der Botschaft ging. Manchmal dauert es Jahre, je nachdem, wovon die Nachricht handelte. Das ist individuell sehr verschieden. Das liegt nicht an mir. Ich sage der Person nur, was ich höre und sehe. Ich tue mein Bestes, alle Einzelheiten klar weiterzugeben.

Es kommt nicht oft vor, aber es ist schon passiert, dass zwei oder mehr Personen zu einer Sitzung kamen und eine von ihnen behauptete, das, was ich ihr sagte, entspreche nicht der Wahrheit. Später erhielt ich dann einen Anruf, und sie teilte mir mit, die Botschaft sei doch wahr gewesen. Sie habe nur nicht gewollt, dass ihr Freund oder ihre Freundin davon erfährt. Ich bin in jedem Fall nur die Überbringerin der Botschaft. Machen Sie mich nicht dafür verantwortlich!

Welche Bedeutung
haben Zufälle
in Ihrem Leben?

Oh mein Gott! Wissen Sie nicht, dass es keine Zufälle gibt? Was wir als »Zufälle« ansehen, sind in Wirklichkeit Situationen, in denen die Andere Seite so nahtlos mit uns zusammenarbeitet, dass die Puzzleteile unseres Lebens lückenlos zusammengefügt werden können. Häufig schicken sie uns etwas, das wir genau in dem Moment dringend brauchen.

Cristina, die eine äußerst populäre Talkshow für die spanischsprachige Gemeinschaft moderiert, hatte mich eingeladen, an einer Sondersendung teilzunehmen, die Talina Fernández gewidmet war und in der ihre Lebensgeschichte nachgezeichnet wurde. Talinas Mutter war eingeladen, ihre Schwester, ihr Ehemann, ihre Enkelin und ich, deshalb fühlte ich mich wie ein Familienmitglied. Es war eine große Ehre für mich, dabei sein zu können. John kam mit nach Miami und wir wohnten in *Coconut Grove*. Wir hätten eine wundervolle Zeit verleben können, hätte ich nicht entsetzliche Kopfschmerzen gehabt. Wir waren in einem Restaurant, und ich wühlte in meiner Handtasche, obwohl ich wusste, dass ich kein Aspirin dabeihatte. Ich flehte den Ober an. Ich wusste, dass er seinen Gästen keine Medikamente geben darf, aber ich dachte, er sähe vielleicht, wie dringend ich sie brauchte, und hätte Mitleid und schmuggelte mir eine Tablette herein. Natürlich konnte er seinen Job nicht aufs Spiel setzen, und ich nahm es ihm auch nicht übel. Ich war drauf und dran, mich mitten ins Restaurant zu stellen und hysterisch zu schreien: »*Hat irgendjemand ein Aspirin?*« Eben hatte ich zu John gesagt: »Ich würde alles tun, wenn ich an ein Aspirin kommen könnte«, da nahmen zwei Frauen am Nebentisch Platz. Der Ober reichte ihnen die Speisekarten, und die eine bat um ein Glas Wasser. Sie öffnete ihre Handtasche und nahm eine Packung Schmerztabletten heraus. Ich hatte kein Problem damit, sie um eine zu bitten, obwohl das Englisch der beiden nicht so toll war und mein Spanisch noch schlechter! Niemand wird mir weismachen können, die Packung Aspirin sei ein Zufall gewesen.

Das gleiche Phänomen spielt eine Rolle, wenn Sie an einem Projekt arbeiten und an einer Stelle nicht weiterkommen, wenn Ihnen eine Antwort oder ein Puzzleteil fehlt. Dann fahren Sie Bus und setzen sich »zufällig« neben jemanden, der sich mit einem anderen am Handy genau über das unterhält, was Ihnen fehlte. Ich finde es zwar sehr unhöflich, im Bus dauernd zu telefonieren, aber Sie haben Ihre Antwort bekommen, und das ist keineswegs rein zufällig geschehen. Die Geistwesen auf der Anderen Seite ziehen Fäden, schmieren Räder und regeln den Verkehr, damit Sie bekommen, was Sie brauchen.

Gibt es einen Begriff,
den Sie dem Wort Zufall vorziehen?

Ich sehe sogenannte Zufälle eher als Bestätigungen an, weil sie zeigen, wie nahezu perfekt die Andere Seite arbeitet. Ich habe so viele Geschichten erzählt bekommen, wie sich alles auf eine Weise ineinandergefügt hat, die unser begrenzter Verstand kaum fassen kann.

Ich hielt eine Sitzung für eine Frau, in der ihre verstorbene Schwester zu uns kam. Ihre Schwester zeigte mir einen Ring und bat mich, meiner Klientin zu sagen: »Ganz liebe Grüße«. So etwas geschieht häufig. Die Seele zeigt mir einen Gegenstand, der für beide eine Bedeutung hat – sowohl für die Klientin als auch für die verstorbene Person, die von der Anderen Seite aus mit mir kommuniziert. Meine Klientin bestätigte, sie wisse, was der Ring bedeute, und ich fuhr mit der Sitzung fort. Ich unterbrach nicht, um nach der Bedeutung des Ringes zu fragen; ich wollte es nicht wissen. Ich versuche immer, die Leute daran zu hindern, mir während der Sitzung etwas zu erzählen, weil ich den Gesprächsfaden nicht verlieren will und auch keine Informationen erhalten möchte, die das, was ich von der Anderen Seite höre, färben könnten. Ich fragte sie daher nur: »Wissen Sie, von welchem Ring sie spricht?«, und meine Klientin sagte, ja, sie wisse es.

Nach der Sitzung meinte sie jedoch: »Concetta, ich möchte Ihnen eine Geschichte erzählen.«

Junge, wenn ich jedes Mal zehn Cent bekäme, wenn jemand, für den ich eine Sitzung gehalten habe, das zu mir sagt, dann hätte ich inzwischen vier Millionen Dollar! Doch nun zu dem, was sie mir erzählt hat:

Als ihre Schwester starb, wollte meine Klientin ein Andenken an sie haben, und sie wählte einen Ring aus, den ihre Schwester getragen hatte. Der Ring war nicht besonders wertvoll, aber er bedeutete ihr viel und weil sie ihn nicht verlieren wollte, trug sie ihn nicht, sondern bewahrte ihn in einem Schmuckkästchen auf. Eines Tages schaute sie in das Kästchen und stellte fest, dass der Ring fehlte. Sie war sehr beunruhigt, hatte aber keine Idee, wo er sein könnte. Sie erzählte ihrer Familie, dass der Ring fehlte, und ihre Tochter, ein Teenager, gestand ihr bedrückt, dass sie den Ring genommen hatte. Sie habe ihn getragen, als sie mit Freunden ausging, und ihn auf dem Weg verloren. Sie konnte sich überhaupt nicht vorstellen, wo das passiert sein könnte. Sie waren im Kino gewesen, im Einkaufszentrum und bei McDonald's. Der Ring konnte überall verlorengegangen sein, und ihnen war klar, wenn man an einem dieser Orte etwas verliert, ist die Wahrscheinlichkeit sehr gering, es je wiederzubekommen.

Eineinhalb Jahre vergingen. Eines Tages kam der Sohn meiner Klientin vom Kino nach Hause, wo er mit Freunden einen Film gesehen hatte. Er rief: »Mama, schau mal, was ich gefunden habe.« Er zeigte ihr einen Ring. Es war der Ring ihrer Schwester! Sie fragte: »Wo um alles in der Welt hast du ihn gefunden?« Er erwiderte: »Ich habe Popcorn gekauft und als die Tüte leer war, sah ich ihn.«

Wie erstaunlich! Manche Leute würden sagen: »Welch ein Zufall.«

Wie ich immer wieder betone: Für mich existiert der Begriff Zufall nicht. Man kann versuchen zu erklären, wie der Ring ins Popcorn gelangt sein könnte. Man kann eine logische Geschichte konstruieren: Die Tochter verliert den Ring im Kino. Vielleicht findet ihn jemand beim Putzen. Er denkt: »Oh, ein Ring von einem Mädchen. Ich werde ihn meiner Kollegin geben.« Möglicherweise trägt diese junge Frau den Ring von da an. Eines Abends arbeitet sie an der Popcornmaschine und während sie Popcorn herausschaufelt, fällt der Ring in die Tüte, ohne dass sie es merkt. Der Kunde, der das Popcorn gekauft hat, findet den Ring. Zufällig ist es der Sohn der Frau, welcher der Ring gehörte.

Es *könnte* so gewesen sein, klar. Ich denke jedoch, es wäre nicht einmal möglich, die Wahrscheinlichkeit auszurechnen, dass der Kunde, der das Popcorn kauft und den Ring findet, der Bruder des Mädchens ist, das diesen Ring eineinhalb Jahre vorher verloren hat. Ich bin überzeugt, das ist nur möglich mit Hilfe der Person, für die der Ausgang dieser Geschichte von größter Bedeutung ist: der Schwester meiner Klientin auf der Anderen Seite.

Stecken die Toten hinter dem, was wir als Wunder bezeichnen?

Ich denke, wir bezeichnen manche Vorfälle als Wunder, weil wir nicht akzeptieren können, dass unser normales Alltagsleben das eigentliche Wunder ist und Wunder im

Grunde genommen normal sind. Unsere physische Welt und die spirituelle Welt sind dicht miteinander verwoben. Die meisten Menschen ziehen eine nicht vorhandene Trennlinie zwischen den beiden Welten, und so kommt es, dass wir die Titelmelodie aus der TV-Serie *Twilight Zone* pfeifen, wenn so etwas wie ein Wunder geschieht. Warum fällt es uns so schwer, das zu akzeptieren?

Wenn die Toten uns ihre Gegenwart bestätigen wollen, senden sie dann immer ein Zeichen?

Ja, aber wir müssen auch selbst etwas dazu tun. Wir müssen auf Kleinigkeiten achten. Es fällt nicht immer ein Ballon vom Himmel, auf dem eine Botschaft steht. Einmal kam eine Frau zu mir, die von ihrer Mutter hören wollte. Sie erzählte mir, sie habe gehofft, ihre Mutter würde ihr ein Zeichen schicken, und obwohl sie in der Sitzung wirklich von ihrer Mutter hörte, war sie nicht zufrieden. Sie war nicht überzeugt, dass sie wirklich mit ihrer Mutter gesprochen hatte, und wirkte total enttäuscht. Einerseits fühlte ich mich schlecht, andererseits war ich der Ansicht, dass ich ihr wichtige Informationen gegeben hatte und dass ihre Erwartungen ziemlich hoch waren. Sie erwartete etwas, das sie völlig umwerfen würde, zum Beispiel, dass das Haus über ihr einstürzt und sie die roten Schuhe unter den Trümmern findet oder so ähnlich. Mir blieb nur, ihr zu raten, kleinen Zeichen gegenüber offener zu sein. Wenn die Toten uns kontaktieren, ist es nicht wie in Hollywood. Sie senden einfache Zeichen.

Am folgenden Wochenende ging sie zu einer Hochzeit. Es war eine italienische Hochzeit, das Übliche – völlig überladen mit dem typisch italienischen Brimborium, um es vorsichtig auszudrücken. Sie sitzt da und unterhält sich mit jemandem darüber, wie sehr sie ihre Mutter vermisst. Genau in diesem Moment nimmt die Braut das Mikrophon und sagt an, dass die Band gleich auf ihren Wunsch ein besonderes Lied für den Bräutigam spielen wird. Die Band stimmt *Danny Boy* an, und die Frau bricht in Tränen aus. Das war das Lieblingslied ihrer *irischen* Mutter, und nun wurde es auf dieser typisch *italienischen* Hochzeit gespielt, gerade in dem Moment, als sie über ihre Mutter sprach. Sie rief an, um mir zu sagen, dass sie endlich verstanden hatte. Sie senden unscheinbare Zeichen.

Kann man mit nahestehenden Menschen ein Zeichen vereinbaren, um sicher zu wissen, dass sie es sind, die mit uns kommunizieren?

Natürlich kann man das; ich habe das schon oft erlebt. Man kann es entweder vor oder nach dem Tod eines lieben Menschen vereinbaren, beides funktioniert.

Bei einer meiner großen Shows übermittelte ich Botschaften für ein junges Mädchen, das von seinem Bruder hören wollte. Er nahm über mich Kontakt auf und hatte einige Nachrichten für sie. Ich kann mich nicht mehr an den Inhalt erinnern, aber als ich die Sitzung gerade beenden wollte, hörte ich das Wort *Ente*. Ich fragte: »Er sagt *Ente*, haben Sie eine Idee, wovon er spricht?« Sie brach in Tränen aus! Sie erklärte: »Das Wort haben wir als Signal vereinbart, damit ich weiß, dass er es ist, der mit mir spricht.«

Ein anderes Mal kam ein Mann, dessen Frau gestorben war, zu einer Sitzung. Er hatte es sich zur Gewohnheit gemacht, mit ihr zu reden. Er sprach den ganzen Tag immer wieder mit seiner Frau, aber er wusste nicht, ob sie ihn wirklich hörte. Er vereinbarte also einen Termin mit mir, und tatsächlich kam seine Frau in der Sitzung – ihr Name war Linda – und sagte einige Dinge, die er bestätigen konnte. Er war hinterher sehr zufrieden mit der Sitzung und überzeugt, dass es keine Zeitverschwendung wäre, wenn er weiter mit ihr sprechen würde, auch wenn er keine Antwort erhielt. Als er gehen wollte, bekam ich plötzlich ein weiteres Bild. Ich fragte ihn: »Warum zeigt sie mir das?«, und faltete die Hände wie beim Beten. Er war völlig aus dem Häuschen. Er öffnete seine Jacke und nahm aus der Innentasche einen Bleistift, auf dem betende Hände abgebildet waren. Er sagte, er hätte am Morgen einen Kaffee gekauft und auf der Theke an der Kasse habe eine Tasse mit diesen Bleistiften gestanden, so wie oft Ware direkt an der Kasse steht, um einen zum spontanen Kauf zu verführen. Er kaufte einen und sagte zu seiner Frau: »Linda, wenn du wirklich da sein wirst, dann erwähne das.« Er war schon vorher, aufgrund der Informationen, die ihm seine Frau in der Sitzung gegeben hatte, ein zufriedener Klient, aber das war für ihn das Sahnehäubchen.

Auf welche Weise lassen uns
die Toten wissen, dass sie bei uns sind?

Die Toten lassen uns durch viele kleine Zeichen wissen, dass sie da sind. Sehr häufig zeigen sie es uns, indem sie Gegenstände verrücken. Sie hatten vielleicht einen vollständig aufgeräumten Schreibtisch und finden ihn etwas später in völliger Unordnung oder ein wichtiger Gegenstand ist nicht da, wo er hingehört, zum Beispiel ist ein Bild umgekippt oder Münzen liegen auf einmal in einer Reihe und ähnliche verrückte Sachen.

Eine meiner Klientinnen vermisste ihre Schwester sehr. Sie sprach immer mit ihrem Porträt im Wohnzimmer. Sie schaute das Bild ihrer Schwester an, unterhielt sich mit ihr und bat sie, ein Zeichen zu geben, dass sie immer noch da sei. Doch das Porträt reagierte nicht. Eines Tages, nachdem sie wieder einmal das Bild angeschaut und mit ihm gesprochen hatte, ging sie frustriert aus dem Wohnzimmer. Plötzlich hörte sie einen lauten Knall aus dem Zimmer hinter sich. Sie rannte zurück und sah, dass ein Täfelchen aus Kunstharz auf den Hartholzfußboden gefallen war. Es trug die Aufschrift: »Schwesterliebe hält ewig«. Eine andere Klientin war sicher, dass ihr Mann in der Nähe war, weil sie dauernd Zehncentstücke fand, die »nicht dahin gehörten, wo sie lagen«, und sie hatte das Gefühl, er habe sie dorthin gelegt, damit sie sie fand. Vielleicht haben Sie ein Foto oder Gemälde an der Wand, das ständig schief hängt, auch wenn Sie es noch so oft gerade rücken. Das geschieht häufig. Sie schieben Gegenstände in unser Blickfeld, verrücken sie oder bringen etwas durcheinander. Wenn sie einen merkwürdigen Sinn für Humor haben, verstecken sie auch manchmal Dinge, die wir brauchen. Ich glaube allerdings nicht, dass sie dazu Gegenstände benutzen, die wirklich wichtig für uns sind. Es bereitet ihnen eben Spaß, unseren Blutdruck hin und wieder ein wenig in die Höhe zu treiben.

Gibt es andere Zeichen,
die die Toten häufig benutzen?

Es sind fast immer unscheinbare Zeichen. Es könnte sein, dass Sie einen Hauch des Parfüms riechen, das Ihre Mutter immer benutzte, oder das Rasierwasser Ihres Vaters. Manchmal sind es auch Geräusche. Eine Klientin erzählte mir, die ganze Familie glaube, die Schritte ihrer Mutter im Haus zu hören. Ihre Mutter benutzte eine Gehhilfe und machte unverwechselbare Geräusche. Als ich eine Sitzung für sie hielt, bestätigte ihre Mutter tatsächlich, dass sie fast einen Stepptanz vollführt hatte, um der Familie zu zeigen, dass sie noch da war!
Es können auch bestimmte Tiere sein – aus irgendeinem Grund sind es häufig Tauben oder Frösche –, die auf ungewöhnliche Weise Ihren Weg kreuzen. Vielleicht ist es auch ein Vogel oder ein Schmetterling.

Angenommen, wir assoziieren
etwas Bestimmtes mit einem lieben
Verstorbenen. Ist das Symbol, wenn wir
es sehen, die geliebte Person selbst
oder nur ein Zeichen, das sie uns schickt?

Ich habe darüber viel Widersprüchliches gehört. Nehmen wir einmal an, Ihre Mutter hat sich immer über das erste Rotkehlchen im Frühling gefreut und Sie bringen Rotkehlchen mit Ihrer Mutter in Verbindung. Dann stirbt Ihre Mutter, und Sie sehen plötzlich überall Rotkehlchen oder vielleicht auch nur eines, das Ihnen auf Schritt und Tritt folgt, dann ist das Rotkehlchen *nicht* Ihre Mutter. Es ist allerdings sehr wahrscheinlich, dass Ihre Mutter Ihnen die Rotkehlchen geschickt hat, weil sie weiß, dass Sie dann an sie denken.

Dazu fällt mir die Geschichte von einer Frau ein, die zu einer Sitzung kam. Sie erzählte mir, ihr Mann habe ihr vor seinem Tod gesagt, er werde ihr durch einen Schmetterling zeigen, dass er noch bei ihr ist. Sie hielt ständig nach diesem Schmetterling Ausschau und war sehr enttäuscht, weil sie nie einen sah. Eines Abends ging sie mit Freunden zum Essen aus. Bevor sie ihre Bestellung aufgaben, unterhielten sie sich über ihren Mann, den sie alle vermissten. Schließlich öffneten sie die Speisekarte, um zu bestellen, und da war ein großer Schmetterling – das Logo des Restaurants – auf der Karte abgebildet. Man muss ihr zugutehalten, dass sie die Bedeutung erkannte! Es ist wichtig, im Hinterkopf zu behalten, dass man nie weiß, wie der Kontakt zustande kommen wird, auch wenn man zu wissen meint, wonach man sucht. Seien Sie nicht enttäuscht, wenn der Schmetterling nicht direkt auf Ihrer Nase landet.

Wie können wir auf ein Zeichen von der Anderen Seite reagieren?

Das ist einfach. Sagen Sie nur: »Ich liebe dich auch!« Es kommt überhaupt nicht darauf an, ob Sie es laut sagen oder flüstern oder einfach denken. Die Geistwesen verständigen sich über Telepathie und kennen Ihre Gedanken. Sagen Sie es, wie Sie wollen. Sie können es schreiben oder singen. Es kommt auf jeden Fall an.

Was ist die Wahrheit über Reinkarnation? Wie funktioniert sie?

Nach dem, was mir übermittelt und gezeigt worden ist, glaube ich, wir kehren immer wieder in verschiedenen Körpern zurück, um verschiedene Dinge zu lernen. Wir kommen in Gruppen hierher; es sind also Menschen um uns, die wir vorher gekannt haben. Seelengruppen sind ziemlich groß, größer als nur eine einzelne oder erweiterte Familie. Wir erinnern uns beim ersten Treffen im Diesseits wieder an die Gefühle, die wir einem Menschen entgegenbringen – an die guten und die schlechten –, weil wir frühere Leben miteinander verbracht haben.

Es ist weit mehr als nur eine »Seelengruppe«, man könnte es mit einem Energiefeld vergleichen. Wenn wir sterben, gehen wir auf die Andere Seite zurück. Alle Menschen, die wir geliebt, und alle, die wir verloren haben, warten dort auf uns. Jeder, der Ihnen im Leben etwas bedeutet hat, wird da sein. Diese Seelen gehen nicht weg, bevor Sie angekommen sind. Wenn zum Beispiel der Vater oder die Mutter eines Kindes stirbt, wenn das Kind noch sehr jung oder gerade erst geboren ist, dann wird dieser Elternteil nicht reinkarnieren, bevor das Kind hinübergegangen ist. Die Seelen warten im wahrsten Sinne des Wortes ein Leben lang. Denn auf der Anderen Seite hat Zeit überhaupt keine Bedeutung. Das Kind wird diesen Elternteil dort drüben kennenlernen, bevor sie alle wiederkehren.

Reinkarnation beruht auf einer Vereinbarung und einem Plan, der zusammen mit Gott und den spirituellen Meistern der Seele ausgearbeitet wird. Die Toten wählen, wo und wann sie zurückkommen wollen. Es geschieht immer, um einerseits etwas zu lernen, andererseits anderen zu helfen – um zu lehren und zu lernen.

Werden überhaupt neue Seelen geschaffen oder sind wir nur ein Haufen alter Seelen, die immer wieder zurückkehren?

Ich glaube nicht, dass in diesem Stadium neue Seelen geschaffen werden. Ich glaube, wir sind nur ein Haufen alter Seelen, die immer wieder hierherkommen und dann wieder nach Hause zurückkehren. Ich fühle, dass die Seelen, die wir als »alte Seelen« bezeichnen, erfahrener sind und sich während ihrer unbestimmten Anzahl von Lebenszyklen in einem Körper selbst stärker forderten. Seelen behalten ihre Persönlichkeit und wenn man darüber nachdenkt, leuchtet das ein. Wenn man eine etwas trägere Seele ist, kann man nicht so viel herausholen aus der Zeitspanne, die einem auf diesem Planeten zur Verfügung steht, weil man sich nicht so anstrengt. Ich will damit nicht sagen, dass jemand, der nicht ständig beschäftigt ist und dauernd etwas zu tun hat, sondern intensiv philosophiert und meditiert, ein Faulpelz ist. Das ist nicht dasselbe. Wenn man sich auf etwas konzentriert und sich damit beschäftigt, kann man Erfahrung sammeln, verstehen lernen und wachsen, ohne äußerlich aktiv zu erscheinen. Mit Faulpelz meine ich jemanden, der damit zufrieden ist, vor dem Fernseher herumzusitzen, und gerne alles vorgekaut bekommt, anstatt sich darum zu bemühen, selbst etwas herauszufinden und hinauszugehen und anderen zu helfen. Sie verstehen jetzt vielleicht, dass die Seele, die sich um Erkenntnis bemüht, eine »alte Seele« sein könnte, während diejenige, die immer wieder ins Diesseits kommt und hier keinen Finger krumm macht, spirituell gesehen, ein Baby wäre. Es könnte auch sein, dass eine »kindliche« Seele zwar zur selben Zeit erschaffen wurde wie eine »alte« Seele, aber dass sie ganz bewusst nicht so oft auf die Erde zurückgekehrt ist. Vielleicht hat sie sich längere Zeit auf der Anderen Seite aufgehalten und dort Dame gespielt oder Ähnliches.

Wenn eine Frau ein Kind empfängt, ist das dann eine neue Seele oder nicht?

Nein, ich glaube nicht. Ein Kind ist einfach eine Seele, die hierher zurückkehrt, um eine neue Lebensaufgabe zu erfüllen, eine neue Arbeit zu bewältigen, eine neue Erfahrung zu machen. Wir waren alle schon einmal hier. Wir können als Mann oder Frau wiederkehren, jeder beliebigen Rasse oder Hautfarbe angehören und in jeder beliebigen Region der Erde geboren werden. Das ist nur eine weitere Reise.

Ich habe oft gehört, dass Menschen in ein Land in Urlaub fahren, ohne zu wissen, warum sie unbedingt dorthin wollen, und wenn sie dann dort sind, kommt ihnen alles bekannt vor. Es kann auch geschehen, dass Kleinkinder eine Fremdsprache fließend beherrschen, die keiner in der Familie spricht. In beiden Fällen sind Erinnerungen erhalten geblieben aus einem früheren Leben, als die Seele auf diese Seite des Schleiers zurückkam und wiedergeboren wurde. Ich weiß nicht, warum das geschieht. Es kommt nicht oft vor, aber das System ist eben nicht perfekt. Gott ist perfekt – im Gegensatz zum Menschen.

Was geschieht bei einer Abtreibung, Fehlgeburt oder Totgeburt? Wohin geht diese Seele?

Diese Ereignisse unterscheiden sich, obwohl in allen drei Fällen die Seele letztendlich auf die Andere Seite zurückgeht, anstatt in einen Körper geboren zu werden und ein Leben auf dieser Seite zu leben. Trotzdem beinhalten diese Ereignisse Aufgaben für die Seele – sowohl für die der Mutter als auch für die aller Menschen im Leben der Mutter, die eine Verbindung zu diesem Baby haben, das nie ankommt.

Zuerst einmal müssen wir daran denken, dass die Seele eine Vereinbarung getroffen hat hierherzukommen und die Umstände versteht, die mit diesem Kommen zu tun haben. Sie versteht vollkommen, dass sie nicht lange hier sein wird oder überhaupt nicht im herkömmlichen Sinn geboren werden wird. Alles wurde vorher geplant und bewusst entschieden.

Das Zweite, das wir uns ins Bewusstsein rufen müssen, ist, dass dabei immer Karma, eine Lektion und ein Gleichgewicht zwischen der einzelnen Seele und Gott eine Rolle spielt. Zu unterschiedlichen Zeiten in der Geschichte und an verschiedenen Orten auf der Welt sind unterschiedliche Verhaltensweisen akzeptiert worden. So war es zum Beispiel einmal üblich, die Fußgelenke eines Neugeborenen mit einer Behinderung zusammenzubinden und es in der Wildnis auszusetzen. Denn man war der Ansicht, das Kind würde sowieso nie ein »gutes« Leben haben, weil es nicht in einem perfekten Körper auf die Welt gekommen ist. Oder es ist gesellschaftlich akzeptiert, zum Abbruch einer Schwangerschaft zu raten, weil die Fruchtwasseruntersuchung ergibt, dass das Kind eine Behinderung haben würde; oder es ist Usus, die Abtreibung eines Babys zu befürworten, weil es ein Mädchen ist, oder es auf die Welt kommen zu lassen und dann wegzugeben. All diese Situationen und Entscheidungen haben mit Karma zu tun, mit freien Willensäußerungen und Lektionen. Wir können zwar eine Meinung dazu haben und – wenn wir in einer Demokratie leben – unsere Stimme abgeben, um sie in die Gesetzgebung einfließen zu lassen, doch in spiritueller Hinsicht steht uns kein Urteil zu. Nur Gott kann urteilen.

Ich verstehe es in der Weise, dass die Seele, wenn sie in Erwartung der Geburt hervorgetreten ist, zwischen dem wachsenden Embryo und der Anderen Seite hin- und herwechselt. Sie wohnt nicht fest in der Mutter und bleibt auch nicht während der ganzen Schwangerschaft dort. Sie bindet sich erst in der letzten Phase, zwei Monate vor der Geburt, an den Embryo.

Wenn sie dann nach Hause zurückkehrt, reist sie durch den Tunnel. Soweit ich gehört habe, gibt es drei Tunnel: einen gelben, durch den die meisten Seelen hinübergehen. Er ist für Seelen, die ein relativ normales Leben geführt haben und ein normales Konto an sogenannten

Sünden aufweisen. Es gibt einen schwarzen Tunnel für die Seelen der Menschen, die man als »böse« bezeichnen würde; jene, die einen anderen umgebracht haben. (Keine noch so schlimme Strafe, die wir hier auferlegen, lässt sich mit dem vergleichen, was mit einem solchen Menschen auf der Anderen Seite geschieht. Sosehr sie ihre Strafe auch verdienen – es ist trotzdem tragisch.) Außerdem gibt es einen blauen Tunnel, der den Seelen vorbehalten ist, die als Babys oder Ungeborene hinübergehen. Ich weiß nicht genau, warum es einen eigenen Tunnel gibt für die, die am kürzesten hier sind, aber so ist es mir gezeigt worden.

Warum werden manche Menschen alt und andere sterben jung?

Nun, es ist klar, dass wir alle einmal sterben. Wann und wie, gehört zu unserem Schicksal, und ich glaube wirklich, dass es dafür Gründe gibt, die wir nicht verstehen. Ich bin mir dessen bewusst, dass diese Frage, besonders wenn es um einen jungen Menschen geht, hier auf der Erde großen Kummer verursacht. Die Menschen wollen wissen, *warum*. Diese Frage wird auf der Anderen Seite beantwortet werden. Ich selbst habe auch viele Fragen, die mit »warum« beginnen, die ich bestimmt mein ganzes Leben lang stellen werde, obwohl ich weiß, dass ich die Antwort erst bekomme, wenn ich heimgehe. Gott allein weiß, »warum«.

Kommen wir irgendwann an einen Punkt, an dem wir nicht mehr reinkarnieren?

Ja, ich glaube schon, dass wir an einen Punkt kommen, an dem wir nicht mehr ins Diesseits zurückkehren sollen. Ich weiß nicht, wie lange das dauert – wahrscheinlich dauert es bei manchen länger als bei anderen –, und ich weiß nicht, welche Voraussetzungen erforderlich sind. Es gibt weit fortgeschrittene Meister, die Geistern auf niedrigeren Wachstumsebenen helfen; da bin ich mir ganz sicher. Ich würde gerne mehr davon verstehen, weil mich dieses Thema fasziniert.

Sind wir alle hier, um bestimmte Lektionen zu lernen?

Ganz gewiss. Als John und ich zusammenkamen, wusste ich zum Beispiel sofort, dass es Probleme geben würde. Meine Familie hatte mich immer umsorgt und geliebt. Bei John und seiner Familie dagegen war ich von negativer Energie umgeben. Ich konnte es nicht ertragen, aber die Geistwesen sagten mir immer wieder, John sei in meinem Leben, um mich etwas zu lehren. Sie ermahnten mich immer wieder zur Geduld. Ich hatte damals überhaupt keine Geduld und war auch kein bisschen tolerant. Ich wurde schnell wütend, wenn mich jemand nicht verstand. Ich kannte das gar nicht, weil ich ganz anders aufgewachsen war. Andererseits hatte John sein Leben lang Negativität erlebt, deshalb besaß er die Einstellung: »Mach bloß keinen Aufstand!« Das trieb mich zur Weißglut, weil ich mich von seiner Familie sehr schlecht behandelt fühlte und er mich nicht verteidigte. Wir hatten wirklich unterschiedliche Ansichten, um es vorsichtig auszudrücken. Man kann kaum behaupten, dass so eine Erfahrung eine positive Seite hat, aber ich musste im Grunde genommen Negativität erst kennenlernen, um sie zu verstehen. Ich musste lernen, anderen ihre Gedankenfreiheit zu lassen. Man kann es nicht jedem recht machen; nicht jeder wird Sie verstehen oder mögen. Man muss seinen Mitmenschen ihre eigenen Gedanken und ihre eigene Meinung zugestehen. Meine Beziehung zu John hat mich also vor allem Geduld gelehrt.

Ich bekam in dieser Zeit Hilfe – und manchmal kam sie von ungewöhnlicher Seite. Ich hatte Johns Vater nie persönlich kennengelernt, denn er war schon tot, als wir zusammenkamen. Manchmal, wenn John und ich stritten, gingen wir schlafen, ohne uns zu versöhnen. Er lag so weit auf seiner Seite des Bettes, wie es nur ging, und ich lag so weit auf meiner Seite wie nur möglich. Es war, als stünde in der Mitte der Matratze eine Mauer. Oft wachte ich mitten in der Nacht auf, weil mich jemand an der Schulter rüttelte – es war Johns Vater Leo – und sagte: »Hör mal. Er versteht es nicht. Aber von dir hätte ich etwas anderes erwartet.« Dann rollte ich mich hinüber auf Johns Seite und legte meine Arme um ihn, und sein Ärger schmolz dahin. Am nächsten Morgen sah alles wieder ganz anders aus, und wir wagten einen Neuanfang.

Gibt es eine Möglichkeit, herauszufinden,
was unser persönliches Karma ist
und welche Lektionen wir hier
auf Erden lernen sollen?

Wir alle lernen, über viele Leben hinweg, durch unsere
Entscheidungen und Fehler. Karma ist wie ein Ausgleich
zwischen dem Positiven und dem Negativen, doch ihm
liegt die Lebensaufgabe zugrunde. Wenn uns etwas unfair
vorkommt oder nicht so läuft, wie wir es gern hätten,
kann es sein, dass unser Karma sich dadurch ausgleicht.
Andererseits kann in dieser Situation auch genau die Ursache liegen, weshalb wir hier und heute in dieser Zeit
und an diesem Ort sind.
Was mein Leben angeht, so ist John ein sehr wichtiger
Mensch für mich. Ich liebe ihn sehr und habe inzwischen
fast 25 Jahre mit ihm verbracht. Ich konnte jedoch keine
Kinder von ihm bekommen. Es gab einen Ausgleich: keine Kinder, aber eine wundervolle Ehe mit einem großartigen Mann, und dafür bin ich sehr dankbar. Das ist eine
Art Gleichgewicht, obwohl ich vielleicht lieber einen
anderen Weg gefunden hätte, diese Balance zu erreichen.
Doch was meine Lebensaufgabe angeht, erlaubt mir die
Tatsache, dass ich keine Kinder habe, die Arbeit zu tun,
die ich tue. Hätte ich Kinder, so hätte ich nicht die Zeit
dazu gehabt, und ich glaube nicht, dass ich die Chance
ergriffen hätte. Ich hätte meine Kinder nicht möglichen
negativen Auswirkungen aussetzen wollen, denn manche
Leute finden mich sonderbar oder denken noch schlimmer über mich. Es wäre zu schwierig gewesen, mit meiner

Arbeit an die Öffentlichkeit zu treten, und ich bin sicher, dass ich es nicht getan hätte. Ich bin überzeugt davon, dass diese Arbeit meine Bestimmung ist, daher hätte das ein Problem sein können. Wenn ich mir mein Leben anschaue, kann ich also durchaus sagen, ich erkenne einen roten Faden.

Obwohl manches schon einem Laien ziemlich eindeutig zu sein scheint und einem Therapeuten sicher erst recht, kann ich niemandem sagen, was seine oder ihre Lektionen sind. Ich bin nicht Gott, also kann ich nur Vermutungen anstellen. Gott ist der Einzige, der das sicher weiß. Ich denke, wenn wir ehrlich sind und uns alle Details anschauen, die unser Leben ausmachen, können wir eine Struktur und einen Sinn erkennen. Selbst wenn wir auf dieser Seite nicht dahinterkommen: Sobald wir hinübergehen, werden wir mit Sicherheit die Gründe für all das erfahren, was wir hier nicht verstehen.

Bestimmt unser Karma, ob wir reich oder arm sind?

Ja, das ist weitgehend so. Doch eigentlich spielen mehrere Faktoren eine Rolle. Wir kommen hierher und werden unter gewissen Umständen in eine bestimmte Familie geboren – dazu gehört unsere Persönlichkeit, unser Aussehen, unsere Bewusstseinsebene und so weiter. Wir sind hier, um die Herausforderungen zu erfahren, die damit verbunden sind, in einem physischen Körper zu leben, und um Entscheidungen zu treffen und mehr oder weniger würdevoll mit den Folgen dieser Entscheidungen zu leben. Vielleicht haben wir uns dafür entschieden, in eine wohlhabende Familie geboren zu werden, oder unsere Herausforderung besteht darin herauszufinden, ob es uns gelingt, aus eigener Kraft reich zu werden, obwohl wir in eine arme Familie geboren wurden. Es kann auch sein, dass wir Geld haben, aber schlechte Entscheidungen treffen und es verlieren. Möglicherweise verdienen wir viel Geld oder besitzen es von Geburt an, aber aus irgendeinem Grund können wir es nicht genießen. Viele Menschen sind mit »einem goldenen Löffel im Mund« auf die Welt gekommen, haben aber ein unattraktives Äußeres oder eine wenig anziehende Persönlichkeit und lehnen ihren Reichtum ab, weil sie fürchten, er sei das Einzige, das andere an ihnen interessiert. Oder sie nutzen den Reichtum dazu, andere zu bestrafen, die sie anscheinend nicht mögen.

Manchmal begegne ich Frauen, die den Eindruck erwecken, sie hätten alles, was man sich nur wünschen kann – ein tolles Aussehen, Geld im Überfluss, eine harmonische Beziehung, gesunde Kinder. Das alles sind Geschenke von Gott. Solche Menschen haben viel Glück. Doch wenn ich so etwas sehe, muss ich annehmen, dass diese Person es karmisch verdient hat, indem sie gute Entscheidungen traf und andere gut behandelte. Trifft sie schlechte Entscheidungen, könnte sie, auch wenn sie vorher reich gesegnet war, alles verlieren. Es gibt jedenfalls einen Grund dafür, dass sie diese Gaben erhalten hat. Wie sie ihr Glück verwaltet, wird den weiteren Verlauf ihres Lebens bestimmen.

Wenn es auf der Anderen Seite so wunderbar ist, warum entscheiden wir uns dann dafür, zurückzukommen?

Die Erfahrung, in einem physischen Körper zu leben, bringt so viel Mühe und Plage mit sich; das müssen die Toten auf der Anderen Seite nicht auf sich nehmen. Ich weiß, das hört sich phantastisch an. Doch nie zu kämpfen ist nicht ideal. Wir lernen durch diese Mühen und Kämpfe. Ohne die Kämpfe ist es fast unmöglich, zu lernen und zu wachsen. Daher entscheiden wir uns, zurückzukommen, uns zu entwickeln und neue Einsichten zu gewinnen. So erreichen wir ein stärkeres Seelenwachstum.

Was meinen Sie mit Seelenwachstum?

Seelenwachstum könnte man mit dem Bildungssystem hier auf der Erde vergleichen. Ebenso wie wir weiter zur Schule gehen, um einen höheren Abschluss zu erreichen, kommen wir immer wieder zurück in einen physischen Körper, damit wir von einer Ebene auf die nächste »versetzt« werden.

Muss man mit jedem Menschen auskommen, wenn man als Seele Fortschritte machen will?

Niemand ist perfekt hier in der physischen Welt. Wir besitzen nicht alle dieselbe Persönlichkeit, und wir vertreten unterschiedliche Ansichten. Das ist auch auf der Anderen Seite so, aber dort haben wir etwas, das uns hier fehlt, nämlich die Einsicht, dass wir alle hier sind, um einander zu lieben, dass wir alle ein Teil Gottes sind und deshalb kein Mensch wertvoller ist als ein anderer. Die Geistwesen da drüben wissen, dass die Tatsache, dass jemand »recht« hat, nicht bedeutet, dass der andere böse ist, und dass man den anderen trotzdem akzeptieren muss. Hier will jeder immer recht haben oder sich revanchieren, und häufig meiden wir Menschen, deren Verhalten uns nicht gefällt. Dort drüben verstehen wir, dass alles vergeben wird und dass es nicht unsere Aufgabe ist, zu urteilen oder zu bestrafen.

Wird auf der Anderen Seite von uns erwartet, dass wir schlechtes Verhalten im Diesseits wiedergutmachen?

Ich bin mir nicht sicher, ob das erforderlich ist, aber ich weiß, dass Geister, die bei einer Sitzung Kontakt aufnehmen, sich oft für etwas entschuldigen, das sie gesagt oder getan haben, als sie noch im Diesseits lebten. Möglicherweise hat es einen Familienkrach gegeben, und die Seele möchte, dass ihr die Hinterbliebenen verzeihen, und falls der Streit noch nicht beigelegt ist, hält sie sie dazu an, ihn zu beenden. Johns Vater Leo zum Beispiel war zu Lebzeiten Alkoholiker, und er verletzte John und seine Familie durch sein Verhalten und seine Worte. Leo hat mir davon erzählt, deshalb weiß ich, dass er bei John etwas wiedergutmachen will. Als John und ich Eheprobleme hatten und Leo mich daran erinnerte, dass es nicht zu mir passte, dass ich John schlecht behandelte, versuchte er auf seine Weise, etwas für seinen Sohn zu tun, den er verletzt hatte. Was mich angeht, so habe ich Ihnen gleich zu Anfang erzählt, dass ich mit meiner Schwiegermutter nicht auskomme. Ich weiß, Gott gefällt das nicht, und ich gebe mir Mühe. Aber ich bin auch nur ein Mensch, und ich habe dieses Thema noch nicht in den Griff bekommen. Muss ich deswegen auf der Anderen Seite Kartoffeln schälen? Ich bezweifle, dass mich irgendwer dazu zwingen wird. Aber es ist mir klar, dass ich, wenn ich einmal meinen Körper und meinen Stolz hinter mir lasse, wahrscheinlich enttäuscht von mir sein werde, weil ich auf diesem Gebiet nicht mehr Einsatz gezeigt habe.

Heißt das, wir sollen auf die zugehen, die uns Schmerz oder Unrecht zugefügt haben?

Jesus sagt, wenn uns einer schlägt, sollen wir ihm die andere Wange hinhalten. Ich bin mir nicht ganz sicher, ob ich da mit Jesus einer Meinung bin! Spaß beiseite; ich denke aber, dass das gelegentlich falsch ausgelegt wird. Ich glaube, Jesus meinte, wir sollen vergeben, was für uns Menschen leichter gesagt ist als getan. Wir müssen nicht zulassen, dass uns jemand verletzt, besonders dann nicht, wenn das wiederholt geschieht. Kein Mensch kommt hierher, um als Fußabtreter benutzt zu werden, auf dem dauernd herumgetrampelt wird. Auch wenn wir glauben, dass wir mit jemandem schicksalhaft verbunden sind und etwas gutmachen müssen – vielleicht denken wir, wir hätten sie oder ihn in einem früheren Leben verletzt –, kann das nicht dadurch geschehen, dass die Person in diesem Leben *uns* verletzt. Wenn uns jemand weh tut, müssen wir uns bewusst sein, dass dieser Mensch Karma für sich erzeugt, das letzten Endes ausgeglichen werden muss. Wir müssen uns aus dieser Situation befreien. Das ist die Lektion der *anderen*.

Nehmen wir einmal an, da ist ein Mann, der seine Frau liebt. Seine Freunde erzählen ihm, sie hätten sie mit einem anderen in einem Motel gesehen. Er glaubt seinen Freunden nicht. Doch dann findet er seine Frau zu Hause im Bett mit einem anderen Mann. Muss er bei ihr bleiben? Möglicherweise sind Kinder da. Soll er Schuldgefühle haben, weil er die Familie auseinanderreißt? Natürlich muss er dafür sorgen, dass es den Kindern gutgeht. Vielleicht entscheidet er sich, ihr zu vergeben und die Familie zusammenzuhalten. Das sind seine Entscheidungen, aber es ist ihre karmische Lektion. In einer weniger gravierenden Situation, wenn Sie jemand einfach schlecht behandelt, brauchen Sie nicht ewig darüber nachzudenken, ob dahinter ein karmischer Grund stecken könnte. Meist muss dazu gar nichts gesagt werden. Lassen Sie einfach nicht zu, dass dieser Mensch noch einmal in Ihren positiven Raum eindringt. Verschwenden Sie nicht Ihre Energie für ihn.

Wenn wir in diesem Leben mit jemandem in einer karmischen Verbindung waren, sehen wir sie oder ihn dann im nächsten Leben wieder?

Ja. Ich möchte das vorherige Beispiel von dem Mann noch einmal aufnehmen, der seine Frau mit einem anderen im Bett fand. Er wird im nächsten Leben wieder mit ihr zu tun haben, aber in einer anderen Verbindung. Dann sind sie vielleicht Arbeitskollegen, und sie hat Gelegenheit, ihm zu helfen. Sie kann sein Leben erhellen und zu seinem Glück beitragen, wenn auch nur für einen Tag. Sie wird eine Chance bekommen, den Schaden wiedergutzumachen. Er schuldet ihr nichts. Wenn so etwas geschieht, liegt es bei uns herauszufinden, worin die Lektion bestand. Wir sind eben Menschen und lieben es,

Rätsel zu lösen. Wir werden es nicht mit Bestimmtheit wissen.

Wenn ein Familienmitglied
oder ein uns nahestehender Mensch
uns in diesem Leben schlimmes Leid
und großen seelischen Schmerz zugefügt hat,
sind wir dann auf der Anderen Seite
unwiderruflich mit ihm oder ihr verbunden?

Nein, mit Sicherheit nicht. Manche Menschen erkennen auf dieser Seite möglicherweise überhaupt nicht, welchen Schaden sie anrichten. Sie verstehen nicht, wie sich ihr Verhalten auf das gesamte Leben der Menschen, denen sie weh tun, auswirkt, und wenn sie es verstehen, ist es ihnen gleichgültig. Sie erkennen aber auch nicht, dass sie auf der Anderen Seite dafür geradestehen müssen. Sie werden die ganze Erfahrung selber durchmachen müssen und die Folgen und Wirkungen all ihrer Handlungen selbst aushalten müssen, ebenso jeden Schmerz, den sie ihren Mitmenschen zugefügt haben. Das ist nicht angenehm, da bin ich mir sicher. Ich kann Ihnen gar nicht sagen, wie oft es in Sitzungen geschieht, dass ein solcher Geist zu mir durchdringt und den Menschen, den er auf dieser Seite verletzt hat, tausendmal um Entschuldigung bittet. Es ist interessant, dass die Energie dieser Geister ganz anders ist als die anderer Geister, die sich in diesem Leben »normale« Verfehlungen haben zuschulden kommen lassen. Die meisten Geister erscheinen mir als helles, klares Licht, doch jemand, der eines Verbrechens schuldig ist oder Grausamkeiten begangen hat, besitzt eine Energie, die dunkler und eher grau ist. Vielleicht ist die Frau, die dieser Geist verletzt hat, für den Rest ihres Lebens in Therapie oder sie kann nie mehr jemandem vertrauen oder nie wieder eine normale Liebesbeziehung haben, weil er ihr so sehr weh getan hat. Wenn er da drüben ist, will er es wiedergutmachen. Er wird sich bei der Seele dieses Menschen tausendfach entschuldigen, weil er weiß, dass er ihr tiefen Schaden zugefügt hat.

Müssen wir die Entschuldigung annehmen?

Nein, das müssen wir nicht. Wir sind Menschen, und niemand erwartet von uns, dass wir wie Heilige sind. Wir können einfach in dem Wissen leben, dass die Seelen für das, was sie uns angetan haben, bezahlen müssen. Ich glaube, dass wir vergeben werden, wenn wir auf der Anderen Seite ankommen. Aber ich werde nicht versuchen, jemanden davon zu überzeugen, der noch auf dieser Seite in einem physischen Körper lebt und mit dem Schmerz fertigwerden muss. Wenn wir dort drüben ankommen, wird jeder von uns seine eigenen Erfahrungen machen. Bis dahin müssen wir unser Bestes tun, um gut und richtig zu leben, aber wir sollten uns nicht die Bürde auferlegen, Heilige zu sein.

Gibt es im Leben nach dem Tod
eine Hierarchie?

Ich glaube, es gibt auf der Anderen Seite viele Ebenen. Diese Ebenen haben sicher etwas damit zu tun, wie wir hier gelebt haben, und entsprechen dem steigenden Niveau unseres spirituellen Wachstums. Es gibt verschiedene Ebenen der Vollendung und Erkenntnis. Die erhabene Seele Gottes steht ganz an der Spitze.

Treffen wir alle Menschen in diesem Leben
aus einem bestimmten Grund?

Wir haben jeden, den wir in diesem Leben treffen, vorher schon gekannt. Das kann ein sehr kurzes Zusammentreffen oder eine kurze Beziehung gewesen sein, weil sie möglicherweise nur dem Zweck diente, Sie von Punkt A nach Punkt B zu bringen, oder weil die Lektion, die dieser Kontakt mit sich brachte, schnell gelernt war. Es kann sein, dass jemand, der in diesem Leben ein Tankwart ist, den Sie nur flüchtig kennen, im nächsten Leben Ihr Bruder sein wird. Wir alle besitzen ein tiefes Wissen, aber normalerweise gehen wir einfach weiter, ohne diese Dinge zu erkennen. In unserem Wesenskern sehen wir diese Wahrheiten jedoch. Es ist sicher eine gute Idee, wenn Sie hin und wieder innehalten und über jemanden, den Sie kennengelernt haben, nachdenken und sich überlegen, welche Bedeutung diese Person in Ihrem Leben wohl in Wirklichkeit hat. Ich denke, wir würden einander viel besser behandeln, wenn wir uns vorstellen würden, dass die Fahrerin neben uns auf der Autobahn in einem anderen Leben eine liebe Verwandte gewesen sein könnte.

Was ist ein spiritueller Meister?

Ich weiß ehrlich nicht, ob jeder Mensch die gleichen Meister hat. Ich weiß auch nicht, wer die Meister sind. Ich weiß nur, dass sie sehr »hochentwickelte« Energie sind. Ich möchte erklären, was ich damit meine. Ich vergleiche eine »hochentwickelte« Seele immer mit jemandem, der die Grundschule, die höhere Schule, das College und die Universität abgeschlossen hat. Sie besitzen den Masterabschluss und haben promoviert. Von jemandem, der die mittlere Reife hat, erwartet man ein gewisses Niveau. Doch man erwartet viel mehr von jemandem, der noch besser ausgebildet ist und einen akademischen Grad besitzt. Verschiedene Meisterseelen helfen in verschiedenen schwierigen Situationen.

Haben Sie Angst
vor dem Tod?

Überhaupt nicht. Ich habe keine Angst vor dem Tod, sondern nur davor, wie ich sterben werde. Ich bin ein Mensch, und so ist das völlig normal. Die Vorstellung, heimzugehen und wieder auf der Anderen Seite zu sein, erschreckt mich nicht. Ich fürchte mich nicht im Geringsten davor, meinen Vater und meinen Bruder wiederzusehen, die schon dort sind, und meine anderen Verwandten, an die ich mich nicht mehr erinnern kann. Ich habe von ihnen gehört, und ich weiß, dass sie dort sind. Ich fürchte mich nicht vor dem Tod, aber ich fürchte mich davor, hier im Diesseits allein zu sein und nicht geliebt zu werden. John ist meine bessere Hälfte. Ich habe keine eigenen Kinder; das hat John und mich so zusammengeschweißt. Wie die meisten Menschen fürchte ich mich davor, alleine zu sein und niemanden zu haben, der mich liebt. Auf einer gewissen Ebene schäme ich mich für diese Angst. Ich sollte es besser wissen. Ich treffe so viele tapfere Menschen, die ihren Ehepartner verloren haben. Ich bewundere sie, weil ich oft darüber nachdenke, was ich in ihrer Lage tun würde. Manchmal ist diese Angst so groß, dass ich mir wünsche, zuerst zu sterben. Das ist ein selbstsüchtiger Gedanke, aber ich empfinde es wirklich so.

Haben Sie schon einmal die Polizei beim Aufklären eines Falles unterstützt?

Ja, ich habe einige Male mit der Polizei zusammengearbeitet. Einmal konnte die Polizei in einem Nachbarort einen jungen Mann selbst nach wochenlanger Suche nicht finden. Eine Kriminalbeamtin aus Cedar Grove, New Jersey, rief mich an und fragte, ob ich ihr sagen könne, ob der junge Mann gestorben sei. Ich bejahte das. Ich hörte, dass er tot sei und sich in einem Auto unter Wasser befinde. Ich hörte ebenfalls, dass sie ihn »in zwei« finden würden. Ob das zwei Tage, zwei Wochen oder zwei Monate bedeutete, konnte ich nicht sagen. Sie fanden ihn nach zwei Wochen unter einer Brücke. Er war mit seinem Auto von der Brücke abgekommen und ertrunken.

Ein anderes Mal rief die Polizei wegen eines jungen Mannes an, der spurlos verschwunden war. Ich sagte ihnen, dass der junge Mann lebe, dass bei seinem Verschwinden jedoch Drogen eine Rolle gespielt hätten. Ich hörte, dass sie ihn innerhalb von »drei« finden würden. Drei Tage später rief er aus der Drogenszene von Los Angeles an.

Ich arbeite viel in Mexiko, wo zahlreiche Personen vermisst werden. Ich habe dort noch nicht mit der Polizei zusammengearbeitet, aber ich habe Sitzungen gehalten für Menschen, die Familienmitglieder verloren haben und nicht wissen, ob ihre Lieben tot sind oder noch am Leben.

Was halten Sie von Fernsehshows, in denen medial begabte Menschen in fiktiven Szenen dargestellt werden?

Ehrlich gesagt, sehe ich nicht viel fern, aber ich finde es immer großartig, wenn Hollywood mit Leuten arbeitet, die die Gabe haben, diese Erfahrung auf seriöse und respektvolle Weise darzustellen. In Fernsehshows und Kinofilmen wurde in der Vergangenheit viel unterhaltsamer Unsinn gezeigt (Menschen, die blutüberströmt von den Toten zurückkehren, und Ähnliches), aber so wechseln die Toten in Wirklichkeit nicht auf die andere Seite des Schleiers. Sie haben kein Interesse daran, die Lebenden zu terrorisieren und zu quälen. Sie kommen auf sehr friedliche Weise und wollen lediglich Botschaften übermitteln und auf dieser Seite so gut wie möglich helfen. Die Sendung *Medium* macht auf mich einen besonders guten Eindruck, und meiner Meinung nach versteht die Schauspielerin Patricia Arquette wirklich, was es heißt, mit meiner Gabe geboren worden zu sein. Man merkt, dass die Kleine sich gut vorbereitet hat.

Stört es Sie, dass Sie die Toten ständig hören?

Die meiste Zeit schätze ich mich äußerst glücklich, mit dieser Fähigkeit gesegnet zu sein. Doch manchmal ist es schwierig, besonders abends, wie ich schon erwähnt habe. Ich höre sie die Treppe hinauf- und hinuntergehen, lachen und reden. Sie sind immer um mich. Wenn ich einmal wirklich Ruhe und Frieden brauche, habe ich die Möglichkeit zu sagen: »Im Namen Gottes, bitte geht.« Ich sage das nur, wenn ich das Gefühl habe, ich brauche Stille und muss eine Weile allein sein. In solchen Situationen reicht diese Bitte um Gottes schützende Liebe, um die Stimmen zum Schweigen zu bringen. Ich habe mich aber so an diese Verbindung gewöhnt, dass es mir manchmal schwerfällt, auf dieser Seite zu bleiben. Nachts unternehme ich hin und wieder Astralreisen und verlasse meinen Körper, um auf die Andere Seite zu gehen. Jedes Mal, wenn ich dort bin, will ich bleiben, aber mein Vater und mein Bruder sagen mir immer, ich müsse zurückgehen. Meine Arbeit auf dieser Seite ist noch nicht vollendet.

Können Sie Astralreisen erklären?

Bei einer Astralreise verlässt die Seele den Körper, um die Andere Seite zu besuchen. Die Seele kann entweder durch die Füße aus dem Körper schlüpfen oder sich erheben, wenn wir flach auf dem Rücken liegen. Wenn ich eine Astralreise vorhabe, lege ich mich zum Einschlafen auf den Rücken, damit meine Seele den Körper leichter verlassen kann. Meine Seele steht dann vor dem Schlafzimmerfenster, und ich kann auf die Andere Seite hinaustreten. Ich gehe *nie* durch die Schlafzimmertür hinaus, weil der Flur normalerweise voll von Geistern ist – es sind entweder die Geister, die tagsüber mit meinen Klienten gesprochen haben, oder die, die etwas früher gekommen sind, weil sie wissen, dass eine ihr nahestehende Person mich am folgenden Tag besuchen wird. In diesem Zustand will ich sie einfach nicht sehen.

Von meinem Schlafzimmerfenster aus habe ich die schönsten Bilder wahrgenommen: schneebedeckte Berggipfel bis zum Horizont; herrliche Strände mit schneeweißem Sand und blauem, kristallklarem Wasser; endlose Felder mit Blumen, so weit das Auge reicht. Wenn ich auf die Andere Seite hinaustrete, gehe ich in eine andere Dimension. Es gibt dort so viele Ebenen, dass ich nie genau weiß, was ich sehen werde. Oft schwebe ich in einem weißen Raum mit allen Verwandten, die schon hinübergegangen sind.

Muss man ein Medium sein, um aus seinem Körper heraustreten zu können?

Nein, überhaupt nicht. Jeder ist hin und wieder schon einmal aus seinem Körper getreten. Kennen Sie das Gefühl, wenn Sie schlafen und meinen, aus dem Bett zu fallen, oder wenn Sie aufwachen und wie gelähmt sind und versuchen zu schreien, aber keinen Ton herausbekommen? In diesem Fall ist Ihre Seele vor dem Körper aufgewacht. Wenn das geschieht, sollten Sie sich vorstellen,

dass Sie zwei Finger zusammenlegen, und dabei denken:
»Gott, bitte bringe meinen Körper wieder zu meiner Seele.« Dann werden Sie vollständig aufwachen.

Was gefällt Ihnen an Ihrer Tätigkeit als Medium am besten?

Ich liebe so viele Aspekte meiner Arbeit. Ich liebe es, wenn ich Menschen die Gewissheit geben kann, dass es ein Leben nach dem Tod gibt. Ich liebe es, die Botschaft zu überbringen, dass wir alle zusammengehören. Ich liebe es, meinen Klienten und Klientinnen zu sagen: »Die wichtigste Geste im Leben und im Tod ist ein Lächeln.«

Was war die wichtigste Lektion, die Sie als Medium gelernt haben?

Ich kann Ihnen mehrere Dinge sagen, die ich als Mensch gelernt habe. Ich habe gelernt, jeden Moment als wertvoll zu betrachten und keinen einzigen zu verschwenden, überhaupt *nichts* zu verschwenden. Ich habe gelernt, Müll aufzulesen, den ich nicht selbst fallen gelassen habe, um diese Welt so schön wie möglich zu erhalten, auch wenn sie nie mehr so perfekt sein wird, wie Gott sie erschaffen hat. Ich habe gelernt, eine positive Grundhaltung einzunehmen und, wenn ich einmal ärgerlich bin oder Selbst-mitleid empfinde, egal aus welchem Grund, mir ein Stoppschild vorzustellen und zu sagen: »Schluss damit, meine Liebe!« Das Leben ist viel zu kostbar, um Trübsal zu blasen.

Als Medium habe ich gelernt, wie wichtig es ist, aus sei-nem Körper herauszutreten – ich meine hier nicht As-tralreisen – und sich anzuschauen, was man falsch macht. Man muss dazu kein Medium sein. Jeder, der wirklich dar-an interessiert ist, etwas aus seinem Leben zu lernen, kann das tun. Gut zuhören zu können ist auch wichtig. Hören Sie auf die Menschen, denen Sie vertrauen, ob es nun Ihre Mutter, Schwester oder beste Freundin ist – diese Menschen werden vollkommen ehrlich zu Ihnen sein. Die Toten können schonungslos ehrlich sein, aber das sind sie nur, weil sie uns so sehr lieben. Es ist gut, auf bei-den Seiten des Schleiers solche Freunde zu besitzen. Wenn Sie wirklich etwas lernen wollen, ist schonungs-lose Ehrlichkeit sehr hilfreich.

Geben Ihnen die Toten auch die Lottozahlen durch?

Wenn ich ehrlich bin, habe ich gar kein Interesse daran, sie zu erfahren. Ich möchte meine Fähigkeit nicht dafür verwenden. Ich weiß aber sicher, wenn ich in einer Tom-bola gewinne! Hier kommt eine meiner Lieblingsge-schichten:

In Boonton gibt es das wundervolle kleine Restaurant *Top of the Park*. Es ist ein Familienbetrieb, der von einem netten italienischen Ehepaar und seinen zwei Kindern geführt wird, und es hat eine sehr gute Küche. Jedes Jahr an Ostern verlost die Familie ein riesiges Osterei aus italienischer Schokolade. Wenn ich riesig sage, meine ich das auch – das Ei ist etwa 1,50 m groß! Einmal habe ich im April fünf Lose für zehn Dollar gekauft. Als ich die Lose erstand, hörte ich sie flüstern – sie sagten, ich würde gewinnen! Ich meinte: »Joe, ich werde dieses Ei gewinnen«, aber er lachte nur. Das könne ja jeder behaupten. Ich erwiderte: «Wenn ich das Ei gewinne, teile ich es mit allen.« Er sagte: »Das ist aber nett.« Natürlich glaubte er nicht, dass ich größere Chancen hätte als die anderen.

Der Tag der Verlosung kam, und der Pfarrer zog den Gewinner. Er nahm ein Los heraus und las meinen Namen vor. Es kam genauso, wie sie mir vorhergesagt hatten: Ich habe das Ei gewonnen. Ich hatte nicht vergessen, was ich Joe versprochen hatte. Er musste einen Hammer holen, wir zertrümmerten das Ei und teilten die Schokolade mit allen Gästen im Restaurant.

So weit, so gut, alle waren glücklich. Doch dann wurde Joe neugierig und wollte genau wissen, wieso ich gesagt hatte, ich würde gewinnen. Er meinte: »Lasst uns doch mal sehen, wer gewonnen hätte, wenn nicht du, Concetta.« Es waren etwa 450 Lose in der Schüssel. Er fasste hinein und zog ein weiteres Los heraus. Mein Name stand darauf. Toll. Was für ein Zufall! Alle lachten. Dann griff Joe noch einmal hinein und zog ein weiteres Los heraus. Oh mein Gott! Es war wieder mein Name. Er griff wieder hinein, und auch das vierte Mal war ich es! Dann wurde es ihm langsam unheimlich, und er wollte nicht noch einmal ziehen.

Wenn bei der Aufteilung eines Nachlasses Streit entsteht, mischen sich die Verstorbenen dann ein? Ergreifen sie Partei?

Nein, sie ergreifen nicht Partei. Sie haben keine Verwendung für physische Dinge – am allerwenigsten für Geld –, und sie binden sich auch nicht daran. Dieses Thema taucht oft in Sitzungen auf. Manchmal drücken sie ihre Enttäuschung aus oder sie bitten mich, meiner Klientin zu übermitteln, sie solle es »loslassen«, wenn es ihr Kummer bereitet hat. Andererseits erwähnen sie genauso oft einen bestimmten Gegenstand, der ihnen gehört hat und von dem sie wissen, dass er nun bei der Klientin ist. Sie sagen dann, sie seien froh darüber, dass sie ihn aufbewahrt habe. Manchmal übermitteln sie auch, wie stolz sie auf ihre Kinder sind, weil es ihnen gelungen ist, den Besitz in der Familie aufzuteilen, ohne dass es Streit gab oder der dritte Weltkrieg ausbrach. Sie ergreifen nicht Partei, aber sie geben uns Punkte für gutes Benehmen.

Ist es vorgekommen,
dass Ihnen jemand die Freundschaft
gekündigt hat, als Sie erzählt haben,
dass Sie mit Toten sprechen können?
Falls ja, wie sind Sie damit fertig geworden?

Ich erinnere mich an den Fall, als ich in meiner Kindheit wegen meiner Fähigkeit eine Freundin verloren habe. Ich war damals etwa elf Jahre alt und zu meiner Schulkameradin Ingrid eingeladen. Ingrid war sehr gescheit und hübsch; alle Lehrer mochten sie, und ihre Klassenkameradinnen und -kameraden himmelten sie an. Ich war keine Ausnahme: Ich bewunderte sie zutiefst. Am Nachmittag zu ihr nach Hause zum Spielen eingeladen zu werden war etwas Besonderes für mich und als ihre Eltern sagten, ich könne zum Abendessen bleiben, war ich hin und weg. Ich hatte noch nicht gelernt, dass es in manchen Situationen ratsam war, erst einmal zu überlegen und nicht sofort alles zu sagen, was ich hörte und wusste. Als ich mit der Familie beim Abendessen saß, begann Ingrids verstorbene Großmutter (die Mutter ihres Vaters), mir etwas über die Familie zu erzählen. Es kam mir völlig normal vor, Ingrids Vater anzusprechen und ihm zu erzählen, was seine Mutter mir sagte. Er machte zwar kein Drama daraus, aber seine Reaktion war sehr unangenehm für mich. Ich glaube, Ingrid und ihre Geschwister hatten gar nichts bemerkt, doch ihr Vater stand vom Tisch auf und gab seiner Frau ein Zeichen, ihm in die Küche zu folgen. Sie riefen meine Eltern an und baten sie, mich abzuholen. Von jenem Tag an durfte ich nicht mehr mit

Ingrid spielen. Ich wurde nie wieder zu ihr nach Hause eingeladen, und ich erfuhr über mehrere Ecken, dass sie in der Nachbarschaft herumerzählten, ich sei ein »sonderbares« Kind. Das ist wirklich eine schreckliche Erfahrung für einen jungen Menschen. Ich glaube nicht, dass man mit einer derartigen Ablehnung fertig werden kann. Man muss einfach weitergehen; man kann die Überzeugungen anderer nicht ändern. Ich hatte Glück, dass meine Eltern mich so gut unterstützten, und die Geister auf der Anderen Seite munterten mich immer auf, wenn ich ein Problem hatte.

Haben Menschen die Beziehung zu Ihnen abgebrochen, weil sie dachten, Ihr Umgang mit der Anderen Seite sei unnatürlich?

Ja, das habe ich mit einigen Cousins und Cousinen erlebt, die – das muss ich leider sagen – nicht gerade nett waren. Sie verhielten sich in verschiedener Hinsicht unehrlich und haben auch andere Menschen schrecklich behandelt. Ich möchte gar nicht darauf eingehen, in welche Geschichten sie geraten sind. Doch wie alle anderen auch wollten sie eine Sitzung haben, wenn sie eine nahestehende Person verloren hatten, und ich tat ihnen den Gefallen, denn schließlich gehörten sie zur Familie. Dann »fanden« sie Jesus – der, nebenbei bemerkt, wahrscheinlich gar nicht wusste, dass er verlorengegangen war – und wurden »Christen«. Im Handumdrehen wurde ich für sie zur *Persona non grata,* zur unerwünschten Person. Es gefällt ihnen nicht, dass ich mit der Anderen Seite spreche. Vorher hatte es sie allerdings nicht gestört. Doch nun, da sie religiös sind, haben sie entschieden, dass ich böse bin. Sie sagen, sie wollen mich nicht sehen; sie wollen nicht mit mir sprechen und solange ich mich damit abgebe, könne ich ihren Namen von meiner Liste für die Weihnachtspost streichen. Einer von ihnen sagte mir sogar, *er* allein sei in der Lage, mit der Anderen Seite zu sprechen, weil *er* ein geweihter Priester sei. Aber auch damit helfen mir die Seelen von der Anderen Seite fertigzuwerden, weiterzugehen und mit denjenigen Freunden und Familienmitgliedern zusammen zu sein, mit denen ich mein Leben *gern* teile.

Würden Sie sagen, Sie sind generell gegen Religion eingestellt?

Ich würde nicht sagen, dass ich generell gegen Religion bin. Für manche Menschen ist Religion das Richtige, und sie schöpfen Kraft aus ihr. Für mich ist es jedoch ein Unterschied, ob man religiös oder spirituell ist.
Ich versuche, so weit möglich, anderen Menschen ein Vorbild zu sein. Es macht mir nichts aus, hier mein eigenes Leben als Beispiel heranzuziehen. Ich bin nicht der Inbegriff der Tugendhaftigkeit. Ich bin nicht perfekt auf die Welt gekommen, und ich bin auch jetzt nicht perfekt. Ich kann jedoch von mir sagen, dass ich ein spiritueller

Mensch bin. Der Unterschied zwischen spirituellen Menschen und Religionsführern liegt darin, dass viele dieser Führer uns glauben machen wollen, sie seien vollkommen.

Gott kann in mein Herz schauen. Wenn es für Gott nicht in Ordnung wäre, dass ich diese Arbeit tue, dann könnte ich es auch nicht. Alles, was ich tue, ist den Menschen inneren Frieden bringen, sie heilen und ihnen helfen, sich besser zu fühlen. Ich verlange keinen großen Scheck wie einige Fernsehprediger, und ich sage auch zu niemandem: »Wenn du mir einen Haarbüschel bringst, nehme ich mit einem Zauberspruch den Fluch von dir.« Ich glaube einfach an Gott.

Hilft Beten oder engt es uns nur ein?

Beten ist etwas Wundervolles. Ich denke, man kann es mit Meditation vergleichen. Für mich ist es mehr oder weniger dasselbe. Man beruhigt sich innerlich und spricht aus tiefstem Herzen ein hingebungsvolles Gebet, in das man all seine Liebe legt. Wieso sollte das nicht gut sein? Hält es uns in der Liebe gefangen? Was ist daran so schlimm?

Was bringt es uns,
wenn wir die Wahrheit
über die Andere Seite erkennen?

Es hat viele positive Auswirkungen auf uns, wenn wir erkennen, dass das Leben nach dem Tod unseres physischen Körpers im Geist weitergeht. Dieses Wissen heilt uns. Es schenkt uns Frieden und Trost und zeigt uns, wie wir besser leben, leichter unsere Lektionen lernen, glücklicher sein und anderen helfen können. Es kann uns dazu inspirieren, schwierige Veränderungen herbeizuführen, weil wir wissen, welche Bedeutung sie besitzen. Wir haben nicht nur dieses eine Leben. Wie wir unsere Energie verwenden, hat unvorstellbare Folgen und zieht weite Kreise in dieser Welt und in der nächsten, über viele Leben hinweg. Verstehen ist auf beiden Seiten des Schleiers wichtig. Es beeinflusst die Qualität unseres Lebens, die Qualität unserer Liebe und die Qualität unserer Beziehung zu Gott, heute und alle Tage.

Kennen die Toten
den geheimen Pfad zum Glück
hier auf Erden?

Wir müssen das Glück in unserem Leben nicht erschaffen. Glück ist unser natürlicher Zustand. Die Schwierigkeit liegt darin, das loszuwerden, was uns unglücklich macht. Das meiste davon ist selbst verursacht und selbst gewählt.

Man muss sein Leben so betrachten, als bestünde es aus verschiedenen Kapiteln. Ich war immer glücklich. Doch es gab Phasen, in denen Dinge passiert sind, die mein Glück zerstören wollten. Es liegt wirklich an jedem selbst, sich für das Glück zu entscheiden. Man kann nicht erwarten, dass irgendjemand einem das abnimmt. Wir haben die Kraft, uns nach einer großen Enttäuschung oder einem herben Verlust wieder in einen Zustand des Glücks zu versetzen. Wir sollen uns nicht im Schmerz suhlen oder uns selbst bestrafen – das wollen *sie* nicht. Es bringt uns nicht weiter.

Es war mir gesagt worden, dass große Pläne für mich in Erfüllung gehen würden, viele Dinge. Ich mühte mich ab, sie umzusetzen, aber die Zeit war noch nicht reif. Immer wieder verfehlte ich die Verwirklichung eines großen Zieles nur knapp. Beim letzten Mal war das sehr enttäuschend. Ich hatte das alles schon so oft durchgemacht und immer versucht, mir meine positive Einstellung zu bewahren, aber zum Schluss fragte ich nur noch: »Was ist eigentlich los mit mir? Ich kriege es einfach nicht hin. Vielleicht soll es nicht sein.« Ich hatte Probleme mit meinem Selbstwertgefühl und glaubte, ich sei nicht gut genug. Ich gab mir einige Wochen Zeit, in denen ich mich selbst bemitleidete, was eigentlich nicht zu mir passt, aber ich war so frustriert und enttäuscht, dass ich zuließ, dass mein Selbstvertrauen litt. Dann hörte ich meinen Vater sagen, ich solle damit aufhören. Er zeigte mir, wie ich alle negativen Gefühle loswerden konnte. (Meine Freundin Ginger ist Therapeutin und rät Ähnliches): Statt einer Tablette oder eines Drinks oder einer Zigarette nehmen Sie sich eine Minute für sich selbst. Stellen Sie sich alles, was Sie wütend macht, bildlich vor. Stellen Sie sich vor, Sie stecken diese Dinge in einen großen, schwarzen Müllsack, binden ihn zu und bringen ihn auf die Müllhalde. Viele sagen vielleicht: »Ach, das funktioniert bei mir nicht.« Versuchen Sie es einfach! Nehmen Sie sich eine Minute – es dauert wirklich nicht lange. Visualisieren Sie, wie Sie all Ihren Schmerz und alle schlechten Gefühle, alles, was Ihnen Kummer bereitet, in einen Müllsack stecken und wegwerfen. Sie werden staunen. Es funktioniert.

Wenn Sie Ihr Leben noch einmal
leben könnten und die Möglichkeit hätten,
völlig frei zu wählen, wie Sie leben wollen,
würden Sie dann etwas ändern?

Das ist eine schwierige Frage. Hätte ich, als ich noch jünger war, die Wahl gehabt, entweder meine Fähigkeit zu behalten oder ein Baby zu bekommen, so hätte ich meine Fähigkeit mit Sicherheit aufgegeben, ohne nachzudenken. Ich habe bereits erwähnt, dass ich inzwischen erkannt habe, dass es mit einem Kind unmöglich gewesen wäre, mit meiner Arbeit an die Öffentlichkeit zu gehen. Heute bin ich schon etwas reifer und sehe, wie viel Gutes ich für andere Menschen tun konnte und noch immer tun kann, indem ich ihnen helfe, Verbindung mit ihren lieben Verstorbenen aufzunehmen. Ich weiß ehrlich nicht, ob ein Baby zu haben für mein Leben letztlich eine vergleichbare Bedeutung gehabt hätte. Ich bin in dieser Frage sehr unschlüssig – ich werde noch einmal darüber nachdenken und dann berichten.

Eine goldene Weisheit zum Schluss?

Haben Sie Vertrauen. Sie müssen nur an sich glauben. Sie haben alles, was Sie brauchen, um alles zu bekommen, was Sie wollen. Glauben Sie es mir. Betrachten Sie dieses Leben aus dem richtigen Blickwinkel und schätzen Sie das, was Sie haben. Man darf sich nicht auf das konzentrieren, was fehlt, oder was man in seinem Leben nicht so gut findet. Eines möchte ich Ihnen noch mitgeben, das Ihre eigene Lebensqualität und die Ihrer Mitmenschen unermesslich steigern wird: *LÄCHELN SIE!*

Danksagung

In alphabetischer Reihenfolge – denn für mich steht jeder von euch an erster Stelle!

An meinen Mann, **John Bertoldi** (auch »Johnny Fontaine« genannt): Ich danke dir, dass du an mich geglaubt hast, als es nicht leicht war! Danke, dass du mir den Weg erleuchtest. Danke, dass du meine Taschen trägst und für mich kochst. Danke, dass du mich immer liebst.

An meine Stiefkinder **John** und **Darlene Bertoldi** und **Jessica** und **Lorenzo Franchina** und meine Enkelkinder **Alexander, Julia** und **Isabella:** Ich danke euch, meine Kinder, dass ihr Verständnis habt für meinen verrückten Terminplan, und danke für eure Liebe und Unterstützung. Ich liebe euch.

An **Jon Cornick** (auch »Corndog« genannt): Mein Held, mein Freund … Ich liebe dich und danke dir.

An **Cornelia DiNunzio** (auch »Mushy« genannt): Meine Freundin, meine Schwester, danke für fast fünfzig Jahre, in denen wir unser Leben, unsere Herzensangelegenheiten und unsere Verluste miteinander geteilt haben. Du bist unersetzbar. Ich liebe dich von ganzem Herzen.

An **Stephany Evans** – meine bezaubernde Literaturagentin und Freundin (die Beste in der Branche): Wie kann ich dir je genug danken? Ich liebe dich und danke dir für immer.

An meine Mutter **Eleanor Ferrell:** Du bist eine großartige Mutter und hast mich immer gut beraten. Ich habe mein ganzes Leben lang deine Intelligenz bewundert. Danke, dass du mich aushältst, obwohl ich offensichtlich ganz anders bin als du. Ich liebe dich für immer.

An meinen Bruder **Robert** und meine Schwägerin **Choi Ferrell** und meine bildhübsche Nichte **Bobbie Concetta** (auch »Chinese Chick« genannt): Danke, dass ihr sie nach mir benannt habt, und danke für eure Geduld und Unterstützung. Ich liebe euch alle sehr.

An **Ginger Grancagnolo** (auch »Gingerbread« genannt) – meine Suchmaschine, meine Freundin: Vielen herzlichen Dank für deine wunderbare Hilfe. Ich liebe dich.

An **Hope Innelli:** Danke für deinen Erfindergeist bei der Vermarktung dieses Buches. HarperCollins kann sich glücklich schätzen, ein brillantes junges Talent wie dich zu haben.

An **Elena Oswald** (auch »My Sweet Elen Baby« genannt), die mir geholfen hat, innere Ruhe zu bewahren, und auf mich aufgepasst hat, wenn mir alles zu viel wurde und ich ein wenig durch den Wind war: Danke, mein Schatz! Ich liebe dich.

An **Jennifer Pooley,** meine entzückende junge Herausgeberin bei HarperCollins: Danke, dass du dich an meine Geschichte erinnert und mich zurückgerufen hast, weil du an mich glaubtest. Du hast dich wundervoll eingesetzt, und ohne dich würde es dieses Buch nicht geben.

An die Schar meiner Klienten: Danke, dass ihr mir vertraut und an mich glaubt und eure innigsten Geschichten und euer Leben mit mir teilt.

An viele weitere Freunde und Familienmitglieder: Ich möchte euch danken für eure Fürsorge und Liebe.

Mein tiefer Dank gilt **Carrie Kania** und **David Roth-Ey** von Harper Paperbacks: Danke für euer Ja zu diesem Buch und eure wundervolle Unterstützung. Herzlichen Dank an **Mauro DiPreta, Jennifer Civiletto, May Chen, Carrie Feron** und **Samantha Hagerbaumer** für den leidenschaftlichen Einsatz und die Entschlossenheit, mein Buch bei HarperCollins herauszubringen, und an **Nicole Reardon** und **Robin Bilardello** für ihr Know-how.